# 禁毒戒毒
## 法律知识学习读本

中国法制出版社
CHINA LEGAL PUBLISHING HOUSE

# 前 言

当前，我国毒品形势依然严峻复杂，境外毒品渗透不断加剧，国内制毒问题日益突出，毒品滥用问题持续蔓延，毒品社会危害更加严重。从毒品滥用情况看，吸毒人群覆盖各个年龄段、不同文化程度和各个社会职业群体，低龄化特征突出。全国现有吸毒人员中，35 岁以下的占到 62.4%。

为了帮助广大人民群众，尤其是青少年认清毒品的危害，切实加强毒品预防教育，我们特组织专家编写了这本《禁毒戒毒法律知识学习读本》。全书体例分为看图学法律，问答释疑惑，案例警示录和普法小故事四个部分。

**看图学法律：**通过生动形象的彩色插图，使禁毒戒毒法律知识通俗易懂，读者可以在轻松的氛围中理解法律知识。

**问答释疑惑：**通过一问一答学法律的形式，阐释读者想要了解的法律问题，为读者答疑解惑，指点迷津。

**案例警示录：**以读者日常生活中常见多发的案例为原型，并配有法律讲堂和法条链接，为读者作细致的法律分析，让读者清楚明白吸毒贩毒的严重危害。

**普法小故事：**这一部分用内容生动的故事将法律知识穿插其中，让读者在品味故事情节的过程中得到一些警示与启迪，提高自身的法律素养，增强自身的法律意识。

总之，希望读者通过阅读本书，对一些毒品的常识和禁毒戒毒的法律知识有一个全面的了解，从他人的经历知道毒品对社会、家庭和个人的严重危害，从而能够自觉抵制毒品、参与禁毒。

# 不可不知的禁毒法

《中华人民共和国禁毒法》已于2008年6月1日起施行。《禁毒法》的实施对预防和惩治毒品违法犯罪行为，保护公民身心健康，维护社会秩序，具有重要的作用。

禁毒工作关系到国家和民族的兴衰存亡，历来受到国家的高度重视。20世纪90年代以来，国家先后制定了一系列打击毒品违法犯罪活动和进行毒品管制的法律和行政法规，但是，随着毒品问题全球化趋势加剧，我国的禁毒工作形势仍然比较严峻。为了适应当前禁毒工作实际需要，进一步预防和惩治毒品违法犯罪行为，保护公民身心健康，维护社会秩序，有必要制定一部专门的禁毒法律。在总结多年来禁毒工作实践经验的基础上，第十届全国人大常委会第三十一次会议于2007年12月29日通过了《中华人民共和国禁毒法》，这是一部综合规范禁毒工作的重要法律，共7章71条，对禁毒工作的方针体制、禁毒宣传教育、毒品管制措施、戒毒措施、禁毒国际合作等作了全面规定。

（一）关于禁毒工作的方针、体制

禁毒工作涉及面广，社会性强，是一项系统工程，既需要政府及有关部门加强领导和执法，又需要依靠广大人民群众，动员社会力量广泛参与。为了开创全民禁毒战争的新局面，禁毒法规定，禁毒是全社会的共同责任，并规定了预防为主，综合治理，禁种、禁制、禁贩、禁吸并举的方针，以及政府统一领导、有关部门各负其责，社会广泛参与的工作机制。为了加强对禁毒工作的组织、协调和指导工作，禁毒法规定，

国家设立禁毒委员会，县级以上地方各级人民政府根据禁毒工作的需要，可以设立禁毒委员会。这样规定，既有利于加强国家对禁毒工作的统一领导，又有利于发挥有关部门的积极性，充分调动全社会的资源，进一步做好禁毒工作。

（二）关于禁毒宣传教育

毒品易沾难戒，动员全社会加强对毒品危害性的宣传教育，严格落实防范措施，预防毒品违法犯罪行为发生，防止公民特别是青少年沾染毒品，具有重要意义。禁毒法规定，国家采取各种形式开展全民禁毒宣传教育，普及毒品预防知识，增强公民的禁毒意识，提高公民自觉抵制毒品的能力。国家鼓励公民、组织开展公益性的禁毒宣传活动。

（三）关于毒品管制措施

禁毒法规定，国家对麻醉药品药用原植物种植实行管制；对麻醉药品和精神药品实行管制，对麻醉药品和精神药品的实验研究、生产、经营、使用、储存、运输实行许可和查验制度；对易制毒化学品的生产、经营、购买、运输实行许可制度；对麻醉药品、精神药品和易制毒化学品的进口、出口实行许可制度。为了及时发现毒品违法犯罪，加大打击的力度，禁毒法还对公安机关可以在边境地区、交通要道、口岸以及飞机场、火车站、长途汽车站、码头进行毒品和易制毒化学品检查，应当依法收缴及处理毒品及毒品违法犯罪涉及的财产，娱乐场所应当建立巡查制度，反洗钱行政主管部门加强可疑毒品犯罪资金监测，以及建立毒品监测和禁毒信息系统等作了明确规定。这些规定，对有关部门加强毒品管制执法力度，提高预防和打击毒品违法犯罪的能力具有重要的意义。

（四）关于戒毒措施

为了加强对戒毒人员的管理和帮教，提高戒毒的成效，禁毒法针对吸毒成瘾的不同情况，分别规定了自愿戒毒、社区戒毒和强制隔离戒毒。国家鼓励吸毒人员自愿到有戒毒治疗资质的医疗机构接受戒毒治疗；对吸毒成瘾人员，公安机关可以责令其在户籍所在地或者现居住地接受社区戒毒，落实有针对性的社区戒毒措施；对于有拒绝接受社区戒毒，在社区戒毒期间吸食、注射毒品，严重违反社区戒毒协议，经社区戒毒、强制隔离戒毒后再次吸食、注射毒品等情形的吸毒成瘾人员，由公安机关决定予以强制隔离戒毒。禁毒法对强制隔离戒毒的适用条件、决定程序、期限、场所管理、执业医师配备等重要问题作了规定。同时，考虑到这项改革还需要进一步总结实践经验，确定具体方案，有步骤地推行，禁毒法规定，强制隔离戒毒场所的设置、管理体制和经费保障，由国务院规定。

（五）关于禁毒国际合作

禁毒法规定，根据缔结或者参加的国际条约或者按照对等原则，开展禁毒国际合作。国家禁毒委员会根据国务院授权，负责组织开展禁毒国际合作，履行国际禁毒公约义务。涉及追究毒品犯罪的司法协助，由司法机关依照有关法律的规定办理。

毒品严重危害人民群众身心健康，影响社会治安稳定。做好《禁毒法》的贯彻实施工作，对于广泛动员社会力量参与禁毒斗争，巩固和深化禁毒人民战争成果，全面推进我国禁毒事业，加快以改善民生为重点的社会建设，具有重大的现实意义和深远的历史意义。

## 看图学法律

——看场景 读对话 学法条

## 问答释疑惑

### ——你提问 我回答 解难题

## 案例警示录

——讲案情 细分析 懂道理

## 普法小故事

### ——读故事 学法律 记得牢

# 看图学法律

## ——看场景　读对话　学法条

## 1. 禁毒工作由哪些机关负责组织、协调和指导？

**第五条** 国务院设立国家禁毒委员会，负责组织、协调、指导全国的禁毒工作。

县级以上地方各级人民政府根据禁毒工作的需要，可以设立禁毒委员会，负责组织、协调、指导本行政区域内的禁毒工作。

全国的禁毒工作主要是由国务院设立的国家禁毒委员会负责。

## 2. 国家对禁毒的社会捐赠给予哪些优惠？

**第七条** 国家鼓励对禁毒工作的社会捐赠，并依法给予税收优惠。

禁毒工作是一项长期、艰巨、复杂的系统工程，国家鼓励社会对禁毒工作的捐赠和资助。

# 3. 国家对公民举报毒品违法犯罪行为给予哪些奖励？

**第九条** 国家鼓励公民举报毒品违法犯罪行为。各级人民政府和有关部门应当对举报人予以保护，对举报有功人员以及在禁毒工作中有突出贡献的单位和个人，给予表彰和奖励。

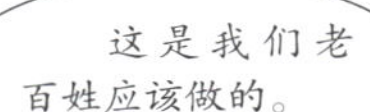

举报毒品违法犯罪行为人人有责，国家应当鼓励和保护这种举报行为。

# 4. 国家如何开展禁毒宣传教育？

**第十一条** 国家采取各种形式开展全民禁毒宣传教育，普及毒品预防知识，增强公民的禁毒意识，提高公民自觉抵制毒品的能力。

国家鼓励公民、组织开展公益性的禁毒宣传活动。

每年的6月26日是联合国确定的国际禁毒日，国家要加强禁毒宣传教育，普及毒品预防知识。

# 5. 未成年人的父母应当对未成年人进行毒品危害教育吗？

第十八条　未成年人的父母或者其他监护人应当对未成年人进行毒品危害的教育，防止其吸食、注射毒品或者进行其他毒品违法犯罪活动。

孩子啊，毒品是一种很危险的东西，你可千万不能碰啊！

我知道毒品的危害，我绝对不会沾染。

未成年人的控制和辨别能力较差，作为父母应当对未成年人进行毒品危害教育。

# 6. 反洗钱行政主管部门在打击毒品违法犯罪方面负有哪些职责?

**第二十九条** 反洗钱行政主管部门应当依法加强对可疑毒品犯罪资金的监测。反洗钱行政主管部门和其他依法负有反洗钱监督管理职责的部门、机构发现涉嫌毒品犯罪的资金流动情况，应当及时向侦查机关报告，并配合侦查机关做好侦查、调查工作。

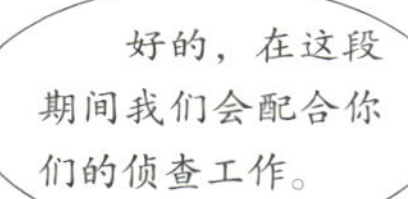

中国人民银行作为国务院反洗钱行政主管部门，负责全国的反洗钱监督管理工作。

## 7. 怀孕的妇女适用强制隔离戒毒措施吗？

**第三十九条** 怀孕或者正在哺乳自己不满一周岁婴儿的妇女吸毒成瘾的，不适用强制隔离戒毒。不满十六周岁的未成年人吸毒成瘾的，可以不适用强制隔离戒毒。

对依照前款规定不适用强制隔离戒毒的吸毒成瘾人员，依照本法规定进行社区戒毒，由负责社区戒毒工作的城市街道办事处、乡镇人民政府加强帮助、教育和监督，督促落实社区戒毒措施。

你社区有一位有严重毒瘾的孕妇，无法强制隔离戒毒，请社区同志们协助监督她戒毒。

好的，我们一定会对她多加监管，协助她戒毒。

怀孕、哺乳期的妇女和未满 16 周岁的未成年人属于特定对象，不适用强制隔离戒毒的规定。

# 8. 强制隔离戒毒场所如何对戒毒人员进行治疗和训练？

**第四十三条** 强制隔离戒毒场所应当根据戒毒人员吸食、注射毒品的种类及成瘾程度等，对戒毒人员进行有针对性的生理、心理治疗和身体康复训练。

根据戒毒的需要，强制隔离戒毒场所可以组织戒毒人员参加必要的生产劳动，对戒毒人员进行职业技能培训。组织戒毒人员参加生产劳动的，应当支付劳动报酬。

强制隔离戒毒的人除了接受戒毒及康复治疗外，还可以参加生产劳动并获得报酬。

# 9. 强制隔离戒毒的人应根据具体情况分别管理吗？

**第四十四条** 强制隔离戒毒场所应当根据戒毒人员的性别、年龄、患病等情况，对戒毒人员实行分别管理。

强制隔离戒毒场所对有严重残疾或者疾病的戒毒人员，应当给予必要的看护和治疗；对患有传染病的戒毒人员，应当依法采取必要的隔离、治疗措施；对可能发生自伤、自残等情形的戒毒人员，可以采取相应的保护性约束措施。

强制隔离戒毒场所管理人员不得体罚、虐待或者侮辱戒毒人员。

强制隔离戒毒的人应根据具体情况分别管理，对于有自杀、自残行为的戒毒人员要采取特别保护性约束措施。

## 10. 接受强制隔离戒毒的人可以外出探视父母吗？

**第四十六条** 戒毒人员的亲属和所在单位或者就读学校的工作人员，可以按照有关规定探访戒毒人员。戒毒人员经强制隔离戒毒场所批准，可以外出探视配偶、直系亲属。

强制隔离戒毒场所管理人员应当对强制隔离戒毒场所以外的人员交给戒毒人员的物品和邮件进行检查，防止夹带毒品。在检查邮件时，应当依法保护戒毒人员的通信自由和通信秘密。

接受强制隔离戒毒的人可以与外界通信、通邮等，经过戒毒所批准还可以外出探望直系亲属。

# 11. 强制隔离戒毒的期限是多久？

**第四十七条** 强制隔离戒毒的期限为二年。

执行强制隔离戒毒一年后，经诊断评估，对于戒毒情况良好的戒毒人员，强制隔离戒毒场所可以提出提前解除强制隔离戒毒的意见，报强制隔离戒毒的决定机关批准。

强制隔离戒毒期满前，经诊断评估，对于需要延长戒毒期限的戒毒人员，由强制隔离戒毒场所提出延长戒毒期限的意见，报强制隔离戒毒的决定机关批准。强制隔离戒毒的期限最长可以延长一年。

强制隔离戒毒的期限是2年，但要视戒毒人员的具体情况，可以提前解除强制隔离也可以延长期限。

## 12. 公安机关对于被依法剥夺人身自由的吸毒人员，应当给予戒毒治疗吗？

**第五十条** 公安机关、司法行政部门对被依法拘留、逮捕、收监执行刑罚以及被依法采取强制性教育措施的吸毒人员，应当给予必要的戒毒治疗。

公安机关等部门对于被依法剥夺人身自由的吸毒人员，应当给予戒毒治疗。

# 13. 戒毒人员在入学和就业方面有不受歧视的权利吗?

**第五十二条** 戒毒人员在入学、就业、享受社会保障等方面不受歧视。有关部门、组织和人员应当在入学、就业、享受社会保障等方面对戒毒人员给予必要的指导和帮助。

小明曾经在我们戒毒所接受过戒毒治疗，现已康复，希望入学后校方能多关心和照顾他。

您放心吧，我们会对他多给予照顾和关怀的。

吸毒者是社会中的一个特殊群体，对待吸毒者不应歧视，但又要严格管理，依法帮助其科学戒毒，使其尽早回归社会。

# 14. 非法种植毒品原植物的应当受到什么处罚？

**第五十九条** 有下列行为之一，构成犯罪的，依法追究刑事责任；尚不构成犯罪的，依法给予治安管理处罚：

（一）走私、贩卖、运输、制造毒品的；

（二）非法持有毒品的；

（三）非法种植毒品原植物的；

（四）非法买卖、运输、携带、持有未经灭活的毒品原植物种子或者幼苗的；

（五）非法传授麻醉药品、精神药品或者易制毒化学品制造方法的；

（六）强迫、引诱、教唆、欺骗他人吸食、注射毒品的；

（七）向他人提供毒品的。

非法种植毒品原植物的，如果情况严重将受到刑法的制裁，即使不构成犯罪的，也要受到治安处罚。

# 15. 私自贩卖麻醉药品要承担法律责任吗？

**第六十三条** 在麻醉药品、精神药品的实验研究、生产、经营、使用、储存、运输、进口、出口以及麻醉药品药用原植物种植活动中，违反国家规定，致使麻醉药品、精神药品或者麻醉药品药用原植物流入非法渠道，构成犯罪的，依法追究刑事责任；尚不构成犯罪的，依照有关法律、行政法规的规定给予处罚。

私自贩卖麻醉药品是违法行为，要受到法律的制裁。

## 16. 有关单位歧视戒毒人员的要承担什么责任?

**第七十条** 有关单位及其工作人员在入学、就业、享受社会保障等方面歧视戒毒人员的，由教育行政部门、劳动行政部门责令改正；给当事人造成损失的，依法承担赔偿责任。

任何单位不得歧视戒毒人员，否则会被相关部门责令改正。

# 问答释疑惑

## ——你提问　我回答　解难题

## 国际禁毒日是怎么来的？

每年的6月26日是联合国确定的国际禁毒日。

20世纪80年代，毒品在全球日趋泛滥，毒品走私日益严重。面对这一严峻形势，联合国于1987年6月在奥地利维也纳召开了关于麻醉品滥用和非法贩运问题的部长级会议。会议提出了“爱生命、不吸毒”的口号，并建议将每年的6月26日定为“国际禁毒日”，以引起世界各国对毒品问题的重视，共同抵御毒品的危害。同年12月，第42届联大通过决议，正式将每年的6月26日确定为国际禁毒日。

## 什么是毒品？毒品的特征是什么？

根据《中华人民共和国禁毒法》第2条的规定，本法所称毒品，是指鸦片、海洛因、甲基苯丙胺（冰毒）、吗啡、大麻、可卡因，以及国家规定管制的其他能够使人形成瘾癖的麻醉药品和精神药品。根据医疗、教学、科研的需要，依法可以生产、经营、使用、储存、运输麻醉药品和精神药品。

一般说来，毒品具有以下特征：

（1）有一种不可抗拒的力量强制性地使吸食者连续使用该药，并且不择手段地去获得它；

（2）连续使用有加大剂量的趋势；

（3）对该药产生精神依赖性及躯体依赖性，断药后产生戒断症状；

（4）对个人、家庭、社会都会产生危害性结果。

## 毒品是如何分类的？

毒品的分类方法有很多，可从不同的角度进行不同的分类：

（1）根据国际公约的有关规定，可将毒品分为麻醉药品和精神药品。

（2）根据毒品来源和生产方法不同，可分为天然毒品和合成毒品。

（3）根据毒品对人体的作用，可分为麻醉剂、抑制剂、兴奋剂、镇静剂和致幻剂。

（4）根据毒品对人的危害程度，分为软性毒品和硬性毒品。

## 常见的毒品有哪几类？

常见的毒品种类有鸦片类、大麻类、可卡因类、苯丙胺类等。鸦片类毒品主要包括鸦片、吗啡、海洛因等；大麻类毒品主要包括大麻烟、大麻脂、大麻油等；可卡因类毒品主要包括古可碱、盐酸可卡因等；苯丙胺类毒品主要是指苯丙胺类的兴奋剂。另外，还有一些其他类型的毒品。

我国 2007 年颁布的《麻醉药品和精神药品品种目录》规定，麻醉药品品种包括鸦片、海洛因、杜冷丁等 123 种，精神药品包括甲基苯丙胺、咖啡因等 132 种。一切列入国家管制的麻醉药品和精神药品，一旦被非法使用便是毒品。

## 吸毒有哪些严重危害？

吸毒的严重危害主要表现在：（1）诱发刑事犯罪。吸毒和犯罪是一对孪生兄弟。吸毒者在耗尽个人和家庭钱财后就会铤而走险，走上违法犯罪的道路，进行以贩养吸、贪污、诈骗、盗窃、抢劫、凶杀等犯罪活动。（2）吸毒对后代贻害无穷。婴儿或是通过母婴垂直传播成为艾滋病受害者，或是一出生就染上了毒瘾，还有的孩子成为了吸毒父母亲毒瘾发作时发泄的对象。（3）吸毒导致倾家荡产、妻离

子散、家破人亡。吸毒的费用是个“无底洞”，普通的工资收入根本不能满足吸毒的需要。即使有一定的经济基础也只能维持一时，因为毒瘾永远不可能得到满足，结果只能是吸得一贫如洗、倾家荡产。很多吸毒者为满足毒瘾不惜遗弃老人、出卖子女，甚至胁迫妻女卖淫以获取毒资，直至妻离子散、家破人亡。（4）吸毒摧残身体，加速死亡。近年来的研究证实，毒品能直接改变人脑中部分化学物质的结构，破坏、扰乱人体正常的高级神经活动，有的甚至毒害、损伤神经组织。毒品毒害人体重要的组织、器官；吸毒者会出现消化和吸收功能障碍；毒品破坏人体免疫机制，使吸毒者极易感染各种疾病。吸毒者难以忍受毒瘾发作的巨大痛苦，往往采取自伤、自残甚至自杀的方式摆脱毒瘾的发作。（5）吸毒传染各种疾病。静脉注射、肌肉或皮下注射的吸毒方式，最容易传染各种皮肤病、性病、艾滋病。据统计，吸毒者因使用不洁注射器，而被感染乙肝或丙肝的，感染率高达22%和68%。

## 咖啡因对人体有害吗?

咖啡因是一种在茶叶、柯拉果、咖啡、可可豆叶和豆荚中发现的生物碱，它能引起中枢神经系统和心血管系统兴奋。因为咖啡因能产生一定的精神依赖，而且如果使用不当，就会产生不良反应甚至中毒。因此，咖啡因已被列入规定管制的麻醉药品范围。也就是说，纯咖啡因也是毒品。我们喝的咖啡、茶叶中均含有一定数量的咖啡因，但一般每天摄入咖啡因总量在50 ~ 200毫克以内，不会出现不良反应。对从咖啡、茶叶中摄入的咖啡因人们应注意它的不良作用。

## 怎样识别火锅和食物中是否加了罂粟壳?

近几年，一些不法商人在所经营的火锅、卤制品中使用罂粟壳作调料，甚至添加鸦片，严重地危害了食用者的身体健康。我们怎样来识别呢？

第一，从外观上识别。罂粟壳外形为枣核形，如鸽子蛋大小，一头尖，另一头呈 9 ～ 12 瓣冠状物。其壳体上往往有人为切割的多道刀痕。

第二，初吃加了罂粟壳的火锅和卤制品后，一般有心跳加快、脸微红、口感舒服、吃后不易入睡等感觉。

第三，如吃了火锅和卤制品后觉得可疑，要揭露这种犯罪，就需要留下不少于 50ml 的火锅汤（最好取下层含油少的汤），送到当地的毒品检测机构或公安局的刑事技术化验室进行成分分析。

## 毒品和药品有什么区别？

毒品与药品，往往具有双重的属性：（1）合理用于医疗目的、用以为病人解除病痛的就是药品；反之，滥用的就是毒品。麻醉性镇痛剂与部分精神药品就属此种情况，如吗啡针剂、阿片片、复方桔梗散、可卡因、杜冷丁、盐酸二氢埃托啡等。（2）药品是出于医疗的需要，具有医疗价值；而毒品本身不具有药用价值，不是出于医疗目的而生产或使用。如海洛因、大麻、冰毒及摇头丸等，它们在临床上不具有任何药用价值，仅有毒品单一的属性。（3）“药品”和“毒品”具有双重性质，违背法律规定生产、使用的药品就是毒品，法律规定范围之内的就是药品。

## 哪些人属于吸毒的高危人群？

吸毒的高危人群是指容易沾染毒品的重点人群。在我国，容易沾染毒品的重点人群，从年龄来分，以青少年为主；从职业来分，以无

业人员、个体户和流动人口居多；从层次来分，文化素质低的占多数。从理论上讲，任何人都有可能成为吸毒者，在现实中高危人群更容易沾染上毒品。因此，加强面向高危人群的禁毒预防和宣传教育，是开展禁毒工作的重点，也是禁毒工作的重要措施之一。

## 为什么要进行毒品预防教育？

据受毒品侵害较严重的23个省、自治区、直辖市统计，因不知毒品危害而吸毒的占吸毒总人数的82%。每个吸毒者每年耗资少则几千元，多则几万元、几十万元。如果普及了禁毒预防教育，使人人都了解毒品的危害性，懂得禁毒的法律法规知识，全国每年就可少损失上千亿元。由此可见禁毒预防教育的重要性，禁毒预防教育是既治标又治本的重要措施之一。

## 怎样预防吸毒？

吸毒的预防要从多方面着手，家庭、学校、社会都有着义不容辞的责任。

（一）家庭预防。家庭成员之间的亲密度是任何社会团体都无法比拟的。因此，家庭成员之间的优缺点，甚至是违法犯罪行为最容易被了解。家长平时应该多与子女沟通，注意纠正孩子的各种不良习惯，做到防患于未然。只要家长具备一定的毒品知识，并真正关心和爱护自己的子女，就能发现子女是否有吸毒行为，遏制其向恶性发展。发现子女吸毒的，必要时应及早求助有关部门，共同采取措施加以矫治。

（二）学校预防。青少年学生在集体的环境下学习和生活，每个学生思想、行为的变化，都很难逃过师生的眼睛，如果教师及时发现并及时采取措施加以教育和关怀，就能遏制不良行为于萌芽阶段。对广大学生要寓禁毒于基础教育、课外活动之中，增强学校的预防能力。

（三）社区预防。作为生活、工作在同一区域内的成员，不论男女老少、职务高低、有业无业，都会受到这个特定环境的条件、风气和习俗的影响，社区治安直接关系到社区成员安居乐业。当然，邻里之间、同事之间，一般都有一定了解，共同防止某些不良行为的滋生是有条件的。按照“谁主管，谁负责”的原则，社区和基层单位应担负起预防吸毒的责任。

## 为什么要把青少年作为禁毒预防教育的重点？

在吸毒者中，由于无知、好奇、被他人引诱而吸毒的青少年的比例最高。青少年正处于生理、心理发展时期，心理防线薄弱，好奇心强，判别是非能力差，不易抵制毒品的侵袭，加之对毒品的危害性和吸毒的违法性缺乏认识，最易受到毒品的侵袭。因此，对青少年进行远离毒品的教育是禁毒预防教育工作的重中之重。

## 青少年如何防止吸毒？

青少年要有效地防止吸毒，应做好以下几点：

（1）接受毒品基本知识和禁毒法律知识教育，了解毒品的危害，懂得“吸毒一口，掉入虎口”的道理；

（2）树立正确的人生观，不盲目追求享受，寻求刺激，赶时髦；

（3）不听信毒品能治病，毒品能解脱烦恼和痛苦，毒品能给人带来快乐等各种花言巧语；

（4）不结交有吸毒、贩毒行为的人。如发现亲朋好友中有吸、贩毒行为的人，一要劝阻，二要远离，三要报告公安机关；

（5）进歌舞厅要谨慎，决不吸食摇头丸、K 粉等兴奋剂；

（6）即使自己在不知情的情况下，被引诱、欺骗吸毒一次，也要珍惜自己的生命，不再吸第二次，更不要吸第三次。

## 14 什么是创建“无毒社区”活动？创建“无毒社区”活动的基本要求和标准是什么？

创建“无毒社区”活动，就是以禁吸戒毒工作为重点，把禁吸、禁贩、禁种、禁制工作的各项目标、任务、措施和责任落实到社区党委政府、各职能部门和居（村）委会、公安派出所等基层组织，使政府部门的禁毒行为转化为全社会的行为，逐步扩大“无毒社区”的范围，积小区为大区、积小胜为大胜、积大胜为全胜，直到实现全国“禁绝毒品”的目标。

开展创建“无毒社区”活动的基本要求是：以城乡小型社区（城市一般是街道，农村一般是乡镇）为单位，在社区政权组织统一领导下，建立覆盖整个社区的禁毒管理机制和工作责任制，以禁吸戒毒为重点，把禁毒责任分解落实到社区内的各个单位和每个人，努力实现无毒目标，创建一片净土。

创建“无毒社区”活动的标准是：达到“四无”，即无贩毒、无吸毒、无种毒、无制毒。

## 15 国家对公民检举揭发毒品违法犯罪有何规定？

严厉打击毒品违法犯罪，需要全社会的动员、支持和配合，除了禁毒执法部门加强专门的禁毒工作以外，还要广泛地依靠广大人民群众，打一场禁毒的人民战争。检举、揭发毒品违法犯罪是每一个公民的义务和责任，国家予以提倡和奖励。根据《中华人民共和国禁毒法》的规定，国家鼓励公民举报毒品违法犯罪行为。各级人民政府和有关部门应当对举报人予以保护，对举报有功人员以及在禁毒工作中有突出贡献的单位和个人，给予表彰和奖励。

## 我们应如何正确对待吸毒者?

吸毒者是社会中的一类特殊群体，他们既是违法者，又是受害者。从医学的角度看，吸毒者也是病人。因此，吸毒者具有双重性质的身份。要正确地对待吸毒者，既不要把吸毒者看做是犯罪分子，歧视他们，又要区别于一般的病人，要严格管理，科学戒毒。许多吸毒者之所以屡戒不断，很大程度上与家属的认识、支持和配合程度不够有关，所以不管是患者还是家属，都应对吸毒者有一个现实、正确的认识。

（1）吸毒患者首先是病人。吸毒一旦成瘾，其强烈的生理、心理依赖就不是靠其意志可控制得了的。事实上，吸毒者在清醒的状态下也有戒除毒品的强烈意愿，但一旦毒瘾发作，极其痛苦的戒断症状就会迫使其依赖毒品以求解脱，很多吸毒者在无法找到毒品的时候，甚至不惜自残以期缓解无法忍受的生理痛苦，这是常人无法想象的。所以，对于吸毒者而言，他们首先是病人。

（2）是病人就必须医治。谁都知道正常人感冒一百次，要治疗一百次；癌症病人不能因为是“绝症”就放弃治疗。对于吸毒者，也同样如此。由于毒品已完全控制了患者的意志，扭曲了他们的人格，所以作为亲属，不能因为其一时失足而抛弃他们，放弃对他们的治疗。相反，亲属不仅应从生理上积极帮助他们进行治疗，更应在心理上，人格上进行无微不至的关爱和呵护，帮助他们树立战胜毒魔的勇气和信心，让他们重新站起来。

（3）屡吸屡戒总比连续的致命的恶性吸毒要强。由于毒品具有强烈的“耐受性”，一旦成瘾，量就会越吸越大，如果不加控制地恶性吸食下去，最终肯定会走向死亡（通常为8 ~ 10年），相反，一旦戒毒后，即使再复吸，其吸毒量也会降至最低，这样总比长期恶性吸毒要强。

当然，我们希望一个吸毒者戒断后永远不再复吸，但事实上，很多客观因素都极易导致他们复吸，所以，解决复吸最有效的办法就是，一旦发现复吸，便马上进行治疗，再复吸再治疗，这样，一方面大大减少了吸毒量，更重要的是，其身体也会逐渐得到恢复，心瘾也会在一定程度上得到控制，心理、人格也逐渐得到矫正。许多人就是在这样一个反复戒毒过程中逐渐成为一个正常人，并最终彻底摆脱毒品的。

## 常用的戒毒方法有哪些？

常见的戒毒方法有三种：

（1）自然戒断法，又称冷火鸡法或干戒法。是指强制中断吸毒者的毒品供给，仅提供饮食与一般性照顾，使其戒断症状自然消退而达到脱毒目的一种戒毒方法。其特点是不给药，缺点是较痛苦。

（2）药物戒断法，又称药物脱毒治疗。是指给吸毒者服用戒断药物，以替代、递减的方法，减缓、减轻吸毒者戒断症状的痛苦，逐渐达到脱毒的戒毒的方法。其特点是使用药物脱毒。

（3）非药物戒断法。是指用针灸、理疗仪等，减轻吸毒者戒断症状反应的一种戒毒方法。其特点是通过辅助手段和“心理暗示”的方法减轻吸毒者戒断症状痛苦达到脱毒目的。缺点是时间长，巩固不彻底。

## 如何选择戒毒药物？

在选择戒毒药物时，应考虑如下几方面的因素：

（1）药物是否经过国家医药部门的审批。只有通过国家医药部门正式审批手续的药物才具有可靠性。目前，国内号称可以用于戒毒的药物很多，但有不少药物并没有获得国家医药部门的评审通过。

（2）疗效是否确实。疗效是指对戒断症状的控制速度和控制程度，对症状的控制速度越快，控制得越是全面，该药物的优越性越明显。一般来说，凡是经过国家医药部门正式审批的药物，其疗效基本上是可靠的。对于其他药物，在选用时就要持谨慎的态度。

（3）自身是否容易成瘾。有些戒毒药物虽然可以有效地控制戒断症状，但其自身属于麻醉品，有较强的成瘾性，因此，除非政府批准的，管理完善的治疗机构，否则不应该用它进行戒毒治疗，而非阿片类药物盐酸苯胺咪唑啉则没有成瘾性。

（4）副作用是否严重。副作用也是考察戒毒药物优劣的因素之一。一般说来，副作用越严重，服药后就愈难以耐受，对最终疗效也往往有不良影响。不过，对于国家认可的产品，只要在服用时严格遵照医嘱，就能最大限度地减少或避免不良反应。对于苯胺咪唑啉等非阿片类药物而言，虽然服药当时有一定副作用，但最终的脱毒效果较为满意。

（5）服用是否方便。多数人在选择戒毒药物时，会考虑药物的服用是否方便。一般说来，采用口服法的药物较受欢迎，而采用注射给药的则往往弊多利少。

（6）价格是否昂贵。价格过于昂贵，戒毒者或家人往往难以承受，一个疗程的药物动不动就上千元，会影响患者对药物的接受程度。

对药物的作用要一分为二地看，既不要过分夸大，又不能一味贬低。在选择用药方面，应向有经验的专科医生咨询，在他们的指导下，根据具体情况合理选用，再配合其他综合性措施，就有希望彻底与毒品告别。

## 19 戒毒有特效药吗?

吸毒者及其家属往往存在一种心理，即希望有一种特效的戒毒药，能够迅速彻底、不痛苦地摆脱毒瘾。回答是否定的。因为吸毒者吸毒成瘾，不仅在生理上形成依赖性，更顽固的是心理上的依赖性。药物

可以缓解或减轻生理上的依赖，但“心病”却难用药除。因此戒毒没有灵丹妙药，吸毒者不要迷信或幻想有什么戒毒的特效药，只有狠下决心进行科学的综合治疗，才能彻底摆脱毒瘾。

## 家庭如何帮助吸毒者戒毒？

家庭成员天天生活在一起，其亲密关系是任何社会团体都无法比拟的。因此，最容易察觉吸毒者的吸毒违法行为的是家庭，最直接最有效地帮助吸毒者戒毒的也是家庭。家庭帮助吸毒者戒毒应注意做好以下几件事：

（1）如发现家庭成员有吸毒违法行为，要督促吸毒者到自愿戒毒所或强制戒毒所戒毒。如已吸毒成瘾，最好送强制戒毒所戒毒。

（2）在戒毒所戒毒期间，常去看望吸毒者，鼓励其交代清楚毒品来源，痛下决心戒断毒瘾，并经常保持与戒毒所的联系，了解其思想动向，与戒毒所密切配合，共同做好教育工作。

（3）吸毒者出所后，一方面要密切注意他的言行，特别是与之交往的人员，另一方面要正确地对待他们，生活上多关心，思想上多帮助。

（4）积极配合社区和派出所对其实施帮教。经常向社区和派出所反映其出所后的表现，并定期督促其到戒毒所接受尿检。

## 什么是脱毒？脱毒与脱瘾有无区别？

在戒毒过程中，要首先使吸毒者顺利度过急性戒断反应期，这一过程叫脱毒。脱毒就是解除吸毒者身体上的戒断症状，脱离毒品成瘾造成的生理上的痛苦，为下一步的康复打下基础。脱瘾是通过药物治疗和康复消除吸毒者的毒瘾，解除其生理和心理依赖，所以脱毒与脱瘾不是一回事。脱毒容易，脱瘾难。人们往往有一个误解，认为“脱毒”

就是“戒毒”，实际上脱毒与脱瘾是戒毒过程的两个阶段，脱毒是脱瘾的前提，脱瘾是脱毒的继续和巩固，戒毒先要脱毒更重要的是脱瘾。

## 我国在实行科学戒毒方面主要采取了哪些措施？

（1）强制戒毒和劳教戒毒普遍采取治疗、教育、康复相结合的方法，对吸毒人员进行综合的生理和心理矫治；

（2）公安和司法机关分别制定了对强制戒毒所和劳教戒毒所实行等级化、规范化管理的有关制度；

（3）颁布了一系列戒毒的法律法规，建立了国家药物依赖性研究中心、国家药物滥用监测中心、国家麻醉品实验室，组织科研机构开展科学戒毒方法和戒毒药物的研究；

（4）卫生防疫部门与禁毒部门密切合作，在戒毒所开展了性病、艾滋病防治工作，并在一些戒毒所建立了艾滋病监测点和检测系统。

23

## 为实现禁毒工作目标，我国应加强哪些方面的工作？

要实现禁毒目标，我国应大力加强以下几个方面的工作：

第一，大力推进戒毒、康复工作取得新的突破，主要是帮助海洛因吸食者戒断毒品、走向新生。进一步规划好、建设好、使用好戒毒康复场所，积极引导企业、慈善机构、社会力量参与戒毒康复事业。对无家可归、社区难以安置、感染艾滋病等多种疾病的戒毒人员，动员其留所康复。对有帮教条件，愿意康复巩固的戒毒出所人员，积极提供场所，为其康复创造条件。总结推广禁毒工作经验，开展以就业为核心的安置帮教工作，帮助他们尽快回归社会。

第二，坚决遏制吸、贩新型毒品蔓延的势头，组织开展广泛深入的禁毒宣传教育，增强公众特别是青少年自觉抵御新型毒品的意识和

能力，深入开展对娱乐场所涉毒问题的专项整治，探索建立有关行政部门依法管理、行业部门加强自律、社会有效监督相结合的长效管理机制，切实解决娱乐场所吸贩新型毒品的问题。对吸食新型毒品的人员，采取更加有针对性的教育和惩戒措施，促使他们自觉抵御新型毒品。

第三，毫不手软地打击毒品犯罪。进一步严密陆海空邮立体防控体系，有效抵御境外毒品对我国的渗透。坚定不移地打团伙、摧网络，抓毒枭、端毒窝、断通道，始终保持对毒品犯罪分子的严打高压态势。深入开展“天目”铲毒行动，严格落实禁种铲毒责任制，坚决防止国内非法种植罂粟问题出现反弹。

第四，从严管制易制毒化学品和麻醉药品、精神药品，进一步加大国内管理和配合国际核查工作力度，完善多部门参加的协作机制和与市场经济相适应的行业管理办法，推行易制毒化学品立案、销案和违法、违规企业的“黑名单”制度，对涉及易制毒化学品案件进行立案倒查，严厉打击走私贩卖易制毒化学品犯罪活动。

第五，深入推进国际禁毒合作向务实方向发展。进一步加强与缅甸、老挝政府的合作，深入推进罂粟替代发展，加强遥感检测、实地踏察等工作，促使尚未禁种的地区尽早实现禁种，已经替代发展的地区不反弹。另外，加强同巴基斯坦、阿富汗、中亚地区国家的禁毒合作，推动中亚地区禁毒合作向务实方向发展，有效遏制阿富汗地区毒品对我国的危害。进一步加强与国际组织和有关国家的情报交流合作，联合打击跨国跨境毒品犯罪活动。

第六，进一步夯实禁毒人民战争的基础工作。紧密结合禁毒法，加强禁毒法制建设，从法律政策层面及时解决禁毒人民战争中遇到的实际问题。加快禁毒情报技术中心的建设，充分发挥科研机构、社会力量的作用，对急需的戒毒药品、禁毒设备、技术进行联合攻关，进一步推进禁毒队伍的专业化建设，健全禁毒机构，充实禁毒力量，加强有针对性的教育训练，不断提高禁毒队伍的执法水平和业务素质。

第七，切实加强组织领导，各级党委政府要进一步加强对禁毒人民战争的组织领导，在人力、财力、物力等方面要加大投入，及时研究解决有关问题，严格落实禁毒工作的领导责任制和责任追究制度。毒品泛滥要追究领导的责任。禁毒委员会成员单位既要各司其职、各负其责，又要密切配合，通力协作，进一步发挥整体优势，完善引导社会力量参与禁毒工作的政策机制，发展壮大禁毒志愿者、社区工作者等群众性禁毒队伍，倡导支持面向社会，特别是戒毒人员及其家庭的自愿服务项目，真正把人民群众参与禁毒斗争的积极性引导好、保护好、发挥好。总之，就是要进一步深化禁毒人民战争，减少毒品危害，取得更大的成效。

## 禁毒工作应当遵循什么原则?

根据《禁毒法》第4条的规定，禁毒工作实行预防为主，综合治理，禁种、禁制、禁贩、禁吸并举的方针。

禁毒工作实行政府统一领导，有关部门各负其责，社会广泛参与的工作机制。

## 禁毒经费来源如何保障?

根据《禁毒法》第6条的规定，县级以上各级人民政府应当将禁毒工作纳入国民经济和社会发展规划，并将禁毒经费列入本级财政预算。

## 哪些机关负有开展禁毒宣传教育的义务?

根据《禁毒法》第12条的规定，各级人民政府应当经常组织开展多种形式的禁毒宣传教育。

工会、共产主义青年团、妇女联合会应当结合各自工作对象的特

点，组织开展禁毒宣传教育。

### 新闻、媒体等有关单位在禁毒宣传教育方面负有哪些义务?

根据《禁毒法》第14条的规定，新闻、出版、文化、广播、电影、电视等有关单位，应当有针对性地面向社会进行禁毒宣传教育。

### 公共场所的经营者、管理者在禁毒宣传教育方面负有哪些义务?

根据《禁毒法》第15条的规定，飞机场、火车站、长途汽车站、码头以及旅店、娱乐场所等公共场所的经营者、管理者，负责本场所的禁毒宣传教育，落实禁毒防范措施，预防毒品违法犯罪行为在本场所内发生。

### 哪些场所应当列为国家重点警戒目标?对未经许可，擅自进入这些场所的人员应当采取哪些措施?

根据《禁毒法》第20条第2、3款的规定，国家确定的麻醉药品药用原植物种植企业的提取加工场所，以及国家设立的麻醉药品储存仓库，列为国家重点警戒目标。

未经许可，擅自进入国家确定的麻醉药品药用原植物种植企业的提取加工场所或者国家设立的麻醉药品储存仓库等警戒区域的，由警戒人员责令其立即离开；拒不离开的，强行带离现场。

### 国家对麻醉药品、精神药品和易制毒化学品如何进行管制?

根据《禁毒法》第21条的规定，国家对麻醉药品和精神药品实行管制，对麻醉药品和精神药品的实验研究、生产、经营、使用、储存、运输实行许可和查验制度。

国家对易制毒化学品的生产、经营、购买、运输实行许可制度。

禁止非法生产、买卖、运输、储存、提供、持有、使用麻醉药品、精神药品和易制毒化学品。

## 31 国家对麻醉药品、精神药品和易制毒化学品的进出口如何进行管理?

根据《禁毒法》第 22 条的规定，国家对麻醉药品、精神药品和易制毒化学品的进口、出口实行许可制度。国务院有关部门应当按照规定的职责，对进口、出口麻醉药品、精神药品和易制毒化学品依法进行管理。禁止走私麻醉药品、精神药品和易制毒化学品。

## 32 非法传授麻醉药品、精神药品和易制毒化学品的制造方法的，应如何处理?

根据《禁毒法》第 24 条的规定，禁止非法传授麻醉药品、精神药品和易制毒化学品的制造方法。公安机关接到举报或者发现非法传授麻醉药品、精神药品和易制毒化学品制造方法的，应当及时依法查处。

## 33 海关在毒品管制方面负有哪些职责?

根据《禁毒法》第 26 条第 2 款的规定，海关应当依法加强对进出口岸的人员、物品、货物和运输工具的检查，防止走私毒品和易制毒化学品。

## 34 邮政企业在毒品管制方面负有哪些职责?

根据《禁毒法》第 26 条第 3 款的规定，邮政企业应当依法加强

对邮件的检查，防止邮寄毒品和非法邮寄易制毒化学品。

## 公安机关对涉嫌吸毒的人员可以采取哪些措施？

根据《禁毒法》第 32 条的规定，公安机关可以对涉嫌吸毒的人员进行必要的检测，被检测人员应当予以配合；对拒绝接受检测的，经县级以上人民政府公安机关或者其派出机构负责人批准，可以强制检测。

公安机关应当对吸毒人员进行登记。

## 戒毒人员可以在哪些地方接受社区戒毒？

根据《禁毒法》第 33 条第 2 款的规定，戒毒人员应当在户籍所在地接受社区戒毒；在户籍所在地以外的现居住地有固定住所的，可以在现居住地接受社区戒毒。

## 接受社区戒毒的戒毒人员应当履行哪些义务？

根据《禁毒法》第 35 条第 1 款的规定，接受社区戒毒的戒毒人员应当遵守法律、法规，自觉履行社区戒毒协议，并根据公安机关的要求，定期接受检测。

## 对违反社区戒毒协议的戒毒人员，应当采取哪些措施？

根据《禁毒法》第 35 条第 2 款的规定，对违反社区戒毒协议的戒毒人员，参与社区戒毒的工作人员应当进行批评、教育；对严重违反社区戒毒协议或者在社区戒毒期间又吸食、注射毒品的，应当及时向公安机关报告。

## 39 吸毒人员可以自行到哪些机构接受戒毒治疗？

根据《禁毒法》第36条第1款的规定，吸毒人员可以自行到具有戒毒治疗资质的医疗机构接受戒毒治疗。

## 40 医疗机构根据戒毒治疗的需要，可以对接受治疗的戒毒人员采取哪些措施？

根据《禁毒法》第37条第1款的规定，医疗机构根据戒毒治疗的需要，可以对接受戒毒治疗的戒毒人员进行身体和所携带物品的检查；对在治疗期间有人身危险的，可以采取必要的临时保护性约束措施。

## 41 医疗机构发现接受治疗的戒毒人员在治疗期间吸食、注射毒品的，应采取哪些措施？

根据《禁毒法》第37条第2款的规定，发现接受戒毒治疗的戒毒人员在治疗期间吸食、注射毒品的，医疗机构应当及时向公安机关报告。

## 42 在哪些情况下，由县级以上人民政府公安机关对吸毒成瘾人员作出强制隔离戒毒的决定？

根据《禁毒法》第38条第1款的规定，吸毒成瘾人员有下列情形之一的，由县级以上人民政府公安机关作出强制隔离戒毒的决定：

（一）拒绝接受社区戒毒的；

（二）在社区戒毒期间吸食、注射毒品的；

（三）严重违反社区戒毒协议的；

（四）经社区戒毒、强制隔离戒毒后再次吸食、注射毒品的。

### 43 吸毒成瘾人员自愿接受强制隔离戒毒的，可以进入强制隔离戒毒场所戒毒吗？

根据《禁毒法》第38条第3款的规定，吸毒成瘾人员自愿接受强制隔离戒毒的，经公安机关同意，可以进入强制隔离戒毒场所戒毒。

### 44 公安机关对吸毒成瘾人员决定予以强制隔离戒毒的，应当履行哪些程序？

根据《禁毒法》第40条第1款的规定，公安机关对吸毒成瘾人员决定予以强制隔离戒毒的，应当制作强制隔离戒毒决定书，在执行强制隔离戒毒前送达被决定人，并在送达后二十四小时以内通知被决定人的家属、所在单位和户籍所在地公安派出所；被决定人不讲真实姓名、住址，身份不明的，公安机关应当自查清其身份后通知。

### 45 被决定人对公安机关作出的强制隔离戒毒决定不服的，可以采取哪些救济措施？

根据《禁毒法》第40条第2款的规定，被决定人对公安机关作出的强制隔离戒毒决定不服的，可以依法申请行政复议或者提起行政诉讼。

### 46 对被决定予以强制隔离戒毒的人员，由哪个机关送强制隔离戒毒场所执行？

根据《禁毒法》第41条第1款的规定，对被决定予以强制隔离戒毒的人员，由作出决定的公安机关送强制隔离戒毒场所执行。

### 47 强制隔离戒毒场所的设置、管理体制和经费保障，由哪个机关规定？

根据《禁毒法》第 41 条第 2 款的规定，强制隔离戒毒场所的设置、管理体制和经费保障，由国务院规定。

### 48 戒毒人员进入强制隔离戒毒场所戒毒时，能否对其身体和所携带物品进行检查？

根据《禁毒法》第 42 条的规定，戒毒人员进入强制隔离戒毒场所戒毒时，应当接受对其身体和所携带物品的检查。

### 49 强制隔离戒毒场所根据哪些情况，对戒毒人员实行分别管理？

根据《禁毒法》第 44 条第 1 款的规定，强制隔离戒毒场所应当根据戒毒人员的性别、年龄、患病等情况，对戒毒人员实行分别管理。

### 50 强制隔离戒毒场所管理人员对戒毒人员不得采取哪些行为？

根据《禁毒法》第 44 条第 3 款的规定，强制隔离戒毒场所管理人员不得体罚、虐待或者侮辱戒毒人员。

### 51 《禁毒法》对强制隔离戒毒场所配备的执业医师有什么规定？

根据《禁毒法》第 45 条的规定，强制隔离戒毒场所应当根据戒毒治疗的需要配备执业医师。强制隔离戒毒场所的执业医师具有麻醉药品和精神药品处方权的，可以按照有关技术规范对戒毒人员使用麻醉药品、精神药品。

卫生行政部门应当加强对强制隔离戒毒场所执业医师的业务指导和监督管理。

## 52 哪些人员可以按照规定探访戒毒人员？戒毒人员是否可以外出探视配偶、直系亲属？

根据《禁毒法》第46条第1款的规定，戒毒人员的亲属和所在单位或者就读学校的工作人员，可以按照有关规定探访戒毒人员。戒毒人员经强制隔离戒毒场所批准，可以外出探视配偶、直系亲属。

## 53 强制隔离戒毒期满前，经诊断评估，对于需要延长戒毒期限的人员，应采取哪些措施？

根据《禁毒法》第47条第3款的规定，强制隔离戒毒期满前，经诊断评估，对于需要延长戒毒期限的戒毒人员，由强制隔离戒毒场所提出延长戒毒期限的意见，报强制隔离戒毒的决定机关批准。强制隔离戒毒的期限最长可以延长一年。

## 《禁毒法》对开办戒毒康复场所有什么规定？

根据《禁毒法》第49条第1款的规定，县级以上地方各级人民政府根据戒毒工作的需要，可以开办戒毒康复场所；对社会力量依法开办的公益性戒毒康复场所应当给予扶持，提供必要的便利和帮助。

## 戒毒人员是否必须在戒毒康复场所劳动？戒毒康复场所组织戒毒人员参加生产劳动的，是否要支付劳动报酬？

根据《禁毒法》第49条第2款的规定，戒毒人员可以自愿在戒毒康复场所生活、劳动。戒毒康复场所组织戒毒人员参加生产劳动的，应当参照国家劳动用工制度的规定支付劳动报酬。

## 我国开展禁毒国际合作的依据和原则是什么?

根据《禁毒法》第53条的规定，中华人民共和国根据缔结或者参加的国际条约或者按照对等原则，开展禁毒国际合作。

## 哪个机关负责开展禁毒国际合作，履行国际禁毒公约义务?

根据《禁毒法》第54条的规定，国家禁毒委员会根据国务院授权，负责组织开展禁毒国际合作，履行国际禁毒公约义务。这里的国际禁毒公约义务，主要是指《联合国禁止非法贩运麻醉药品和精神药物公约》等国际公约所规定的禁毒义务。

## 涉及追究毒品犯罪的司法协助如何办理?

根据《禁毒法》第55条的规定，涉及追究毒品犯罪的司法协助，由司法机关依照有关法律的规定办理。该条所规定的司法协助，主要是指刑事司法协助。刑事司法协助有广义与狭义之分，广义的刑事司法协助包括引渡、诉讼移管、外国判决的承认和执行以及其他诉讼行为。狭义的司法协助，是指一国应另一国的请求通过本国司法机关的活动为使请求国的刑事诉讼顺利进行而提供有关案件的证据、文书送达、情报传递等帮助。它不包括罪犯的引渡、诉讼的移管和对外国刑事判决的承认和执行。该条所规定的司法协助主要是指广义的刑事司法协助。我国刑事诉讼法明确规定，根据中华人民共和国缔结或者参加的国际条约，或者按照互惠原则，我国司法机关和外国司法机关可以相互请求刑事司法协助。

## 经国务院公安部门批准，哪些机关可以与有关国家或者地区的执法机关开展执法合作？

根据《禁毒法》第56条第2款的规定，经国务院公安部门批准，边境地区县级以上人民政府公安机关可以与有关国家或者地区的执法机关开展执法合作。

现实中基层公安机关与有关国家或者地区的执法机关开展执法合作主要集中在调查取证、送达刑事诉讼文书、移交物证、书证和视听资料等方面。

## 通过禁毒国际合作破获毒品犯罪案件的涉案财物如何处理？

根据《禁毒法》第57条的规定，通过禁毒国际合作破获毒品犯罪案件的，中华人民共和国政府可以与有关国家分享查获的非法所得、由非法所得获得的收益以及供毒品犯罪使用的财物或者财物变卖所得的款项。

## 走私、贩卖、运输、制造毒品的，应如何处理？

根据《刑法》第347条第1款的规定，走私、贩卖、运输、制造毒品，无论数量多少，都应当追究刑事责任，予以刑事处罚。《刑法》第347条第2款规定，有走私、贩卖、运输、制造鸦片1千克以上、海洛因或者甲基苯丙胺50克以上或者其他毒品数量大的；走私、贩卖、运输、制造毒品集团的首要分子；武装掩护走私、贩卖、运输、制造毒品的；以暴力抗拒检查、拘留、逮捕，情节严重的；参与有组织的国际贩毒活动的行为之一的，处15年有期徒刑、无期徒刑或者死刑，并处没收财产。根据《关于审理毒品案件定罪量刑标准有关问题的解释》规定，“其他毒品数量大”包括：（一）苯丙胺类毒品（甲基苯丙胺除外）100 克以上；（二）大麻油 5 千克、大麻脂 10 千克、大麻叶及大麻烟 150 千克以上；（三）可卡因 50 克以上；（四）吗啡 100 克以上；（五）度冷丁（杜冷丁）250 克以上（针剂 100mg/ 支规格的 2500 支以上，50mg/ 支规格的 5000 支以上；片剂 25mg/ 片规格的 10000 片以上，50mg/ 片规格的 5000 片以上）；（六）盐酸二氢埃托啡 10 毫克以上（针剂或者片剂 20μg/ 支、片规格的 500 支、片以上）；（七）咖啡因 200 千克以上；（八）罂粟壳 200 千克以上；（九）上述毒品以外的其他毒品数量大的等情形。

《刑法》第 347 条第 3 款规定走私、贩卖、运输、制造鸦片 200 克以上不满 1 千克、海洛因或者甲基苯丙胺 10 克以上不满 50 克或者其他毒品数量较大的，处 7 年以上有期徒刑，并处罚金。根据上述司法解释“其他毒品数量较大”是指：（一）苯丙胺类毒品（甲基苯丙胺除外）20 克以上不满 100 克；（二）大麻油 1 千克以上不满 5 千克，大麻脂 2 千克以上不满 10 千克，大麻叶及大麻烟 30 千克以上不满 150 千克；（三）可卡因 10 克以上不满 50 克；（四）吗啡 20 克以上不满 100 克；（五）度冷丁（杜冷丁）50 克以上不满 250 克（针剂 100mg/ 支规格的 500 支以上不满 2500 支，50mg/ 支规格的 1000 支以上不满 5000 支；片剂 25mg/ 片规格的 2000 片以上不满 10000 片，50mg/ 片规格的 1000 片以上不满 5000 片）；（六）盐酸二氢埃托啡 2 毫克以上不满 10 毫克（针剂或者片剂 20μg/ 支、片规格的 100 支、片以上不满 500 支、片）；（七）咖啡因 50 千克以上不满 200 千克；（八）罂粟壳 50 千克以上不满 200 千克；（九）上述毒品以外的其他毒品数量较大的等情形。

《刑法》第 347 条第 4 款规定走私、贩卖、运输、制造鸦片不满 200 克、海洛因或者甲基苯丙胺不满 10 克或者其他少量毒品的，处 3 年以下有期徒刑、拘役或者管制，并处罚金；情节严重的，处 3 年以上7年以下有期徒刑，并处罚金。根据上述司法解释的规定，“情节严重”是指：（一）走私、贩卖、运输、制造鸦片140克以上不满200克、海洛因或者甲基苯丙胺7克以上不满10克或者其他数量相当毒品的；（二）国家工作人员走私、制造、运输、贩卖毒品；（三）在戒毒监管场所贩卖毒品的；（四）向多人贩毒或者多次贩毒的；（五）其他情节严重的行为。

同时，根据《禁毒法》第2条第2款的规定，根据医疗、教学、科研的需要，可以依法生产、经营、使用、储存、运输麻醉药品和精神药品，出于上述目的而生产、制造、运输、销售麻醉药品、精神药品的不构成犯罪。

## 非法种植毒品原植物的，应如何处理？

根据《刑法》第351条规定，非法种植罂粟、大麻等毒品原植物的，一律强制铲除。有下列情形之一的，处5年以下有期徒刑、拘役或者管制，并处罚金：（一）种植罂粟500株以上不满3000株或者其他毒品原植物数量较大的；（二）经公安机关处理后又种植的；（三）抗拒铲除的。非法种植罂粟3000株以上或者其他毒品原植物数量大的，处5年以上有期徒刑，并处罚金或者没收财产。非法种植罂粟或者其他毒品原植物，在收获前自动铲除的，可以免除处罚。根据相关司法解释的规定，非法种植大麻5000株以上不满30000株，应当认定为非法种植大麻“数量较大”；非法种植大麻30000株以上，应当认定为非法种植大麻“数量大”。

对非法种植罂粟不满500株或者其他少量毒品原植物的，根据《治安管理处罚法》第71条第1款第1项的规定，处10日以上15日以下拘留，可以并处3000元以下罚款；情节较轻的，处5日以下拘留或者500元以下罚款。该条第2款同时作出规定，种植罂粟不满500株或者其他少量毒品原植物，在成熟前自行铲除的，不予处罚。

## 63 强迫、引诱、教唆、欺骗他人吸食、注射毒品的，应如何处罚?

根据《刑法》第353条第1款规定，引诱、教唆、欺骗他人吸食、注射毒品的，处3年以下有期徒刑、拘役或者管制，并处罚金；情节严重的，处3年以上7年以下有期徒刑，并处罚金。其中“引诱、教唆”是指向他人传授吸毒体验，示范吸毒方法或者使用其他方法诱惑他人吸毒的行为；“欺骗”是指在他人不知情的情况下，给其吸食或者注射毒品，使其染上毒瘾的行为。根据《刑法》第353条第2款的规定，强迫他人吸食、注射毒品的，处3年以上10年以下有期徒刑，并处罚金。“强迫”是指违背他人意愿，使用暴力、胁迫或者其他手段，迫使他人吸食、注射毒品的行为。《刑法》第353条第3款规定，对引诱、教唆、欺骗或者强迫未成年人吸食、注射毒品的，从重处罚。关于对上述行为的行政处罚，《治安管理处罚法》第73条规定，对教唆、引诱、欺骗他人吸食、注射毒品的，处10日以上15日以下拘留，并处500元以上2000元以下罚款。

## 64 包庇走私、贩卖、运输、制造毒品的犯罪分子的，应如何处罚?

根据《刑法》第349条的规定，包庇走私、贩卖、运输、制造毒品的犯罪分子的，为犯罪分子窝藏、转移、隐瞒毒品或者犯罪所得的财物的，处3年以下有期徒刑、拘役或者管制；情节严重的，处3年以上10年以下有期徒刑。缉毒人员或者其他国家机关工作人员掩护、包庇走私、贩卖、运输、制造毒品的犯罪分子的，依照前款的规定从

重处罚。犯前两款罪，事先通谋的，以走私、贩卖、运输、制造毒品罪的共犯论处。这里的“包庇”是指行为人故意作虚假证明，帮助犯罪分子逃避法律追究；“窝藏、转移、隐瞒”是指使用藏匿、变换存放地点、故意不说藏毒地点等手段，妨碍司法机关查处毒品违法犯罪的行为。对有上述行为，尚不构成犯罪的，可依据《治安管理处罚法》第60条第（二）、（三）项规定，对行为人处5日以上10日以下拘留，并处200元以上500元以下罚款。

## 65 公安机关查处毒品违法犯罪活动时，为违法犯罪行为人通风报信的行为应如何处罚？

根据《刑法》第417条的规定，有查禁犯罪活动职责的国家机关工作人员，向犯罪分子通风报信、提供便利，帮助犯罪分子逃避处罚的，处3年以下有期徒刑或者拘役；情节严重的，处3年以上10年以下有期徒刑。该条规定的主体为特殊主体，即有查禁犯罪活动职责的国家机关工作人员，包括有查禁毒品犯罪职责的公安机关、国家安全机关、检察机关、审判机关等司法工作人员。“通风报信”是指上述人员故意泄露或者直接告知犯罪分子有关部门查禁活动的部署、措施、时间、地点等活动信息，以帮助其逃避打击。

根据《治安管理处罚法》第74条规定，旅馆业、饮食服务业、文化娱乐业、出租汽车业等单位的人员，在公安机关查处吸毒活动时，为违法犯罪行为人通风报信的，处10日以上15日以下拘留。

## 66 对容留他人吸食、注射毒品或者介绍买卖毒品的行为，应如何处罚？

“容留他人吸食、注射毒品”的行为构成犯罪的，根据《刑法》

第354条的规定，对行为人处3年以下有期徒刑、拘役或者管制，并处罚金。刑法关于容留他人吸食、注射毒品罪的规定是行为犯，只要行为人实施了该行为，不论其次数多少、人数多少一律构成犯罪，只是在量刑时予以区别对待。

如果行为人明知某人贩卖毒品，仍协助其寻找客源，兜售毒品，并从中获利的，以贩卖毒品罪的共犯论处，依据《刑法》第347条的规定追究行为人刑事责任。除此以外的其他情形，如吸毒人员之间互相介绍，或者其他人员在与毒贩无犯意沟通的情况下，向吸毒人员介绍在何处或者向何人购买毒品的行为，应依法给予行政处罚，根据《禁毒法》第61条的规定，由公安机关处10日以上15日以下拘留，可以并处3000元以下罚款；情节较轻的，处5日以下拘留或者500元以下罚款。

## 67 吸食、注射毒品的，应如何处罚？

《禁毒法》第62条规定，吸食、注射毒品的，依法给予治安管理处罚。根据《治安管理处罚法》第72条第（三）项的规定，对吸食、注射毒品的行为，处10日以上15日以下拘留，可以并处2000元以下罚款；情节较轻的，处5日以下拘留或者500元以下罚款。

吸毒人员主动到公安机关登记或者到有资质的医疗机构接受戒毒治疗的，不予处罚。

## 68 对娱乐场所及其从业人员实施毒品违法犯罪行为，以及为进入娱乐场所的人员实施毒品违法犯罪行为提供条件的行为，应如何处罚？

娱乐场所及其从业人员有走私、贩卖、运输、制造、非法持有毒品行为的，引诱、教唆、欺骗、强迫、容留他人吸食、注射毒品行为的，构成犯罪的，依照刑法有关毒品犯罪的规定追究刑事责任；娱乐

场所及其从业人员贩卖、提供毒品，或者组织、强迫、教唆、引诱、欺骗、容留他人吸食、注射毒品或者为进入娱乐场所的人员实施上述行为提供条件的，由县级公安部门没收违法所得和非法财物，责令停业整顿3～6个月；情节严重的，由原发证机关吊销娱乐经营许可证，对直接负责的主管人员和其他直接责任人员处1万元以上2万元以下的罚款。

娱乐场所的经营管理人员对于发生在本场所内的聚众吸毒、贩毒活动不向公安机关报告的，要依据其行为具体情节的轻重，给予相应的处罚：明知在本场所内有贩毒等犯罪活动，而包庇犯罪分子，为犯罪分子窝藏、转移、隐瞒毒品或者犯罪所得的财物的，要依照《刑法》第349条的规定定罪处罚；明知在本场所内有聚众吸毒、贩毒活动，虽然没有包庇行为，但在公安机关查处时，为违法犯罪分子通风报信的，依照《治安管理处罚法》第74条的规定予以治安拘留；明知在本场所内有聚众吸毒、贩毒活动，但采取听之任之、不予制止的态度，也不向公安机关报告的，由公安机关依照有关的行政法规予以停业整顿、罚款等行政处罚。

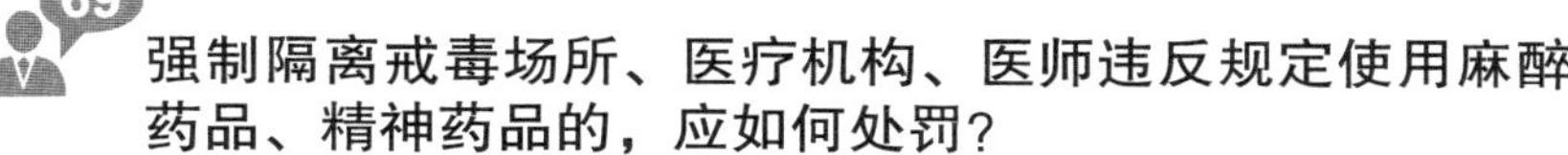

## 69 强制隔离戒毒场所、医疗机构、医师违反规定使用麻醉药品、精神药品的，应如何处罚？

根据《禁毒法》第68条的规定，强制隔离戒毒场所、医疗机构、医师违反规定使用麻醉药品、精神药品，构成犯罪的，依法追究刑事责任。主要是指违反国家规定，向吸食、注射毒品的人提供麻醉药品或者精神药品的；以牟利为目的，向走私、贩卖毒品的犯罪分子提供麻醉药品、精神药品的等行为，要依照《刑法》第347条走私、贩卖、运输、制造毒品罪以及《刑法》第355条非法提供麻醉药品、精神药品罪的规定定罪处罚。强制隔离戒毒场所、医疗机构等单位构成犯罪的，对单位判处罚金，并对其直接负责的主管人员和其他直接责任人员，依照有关规定定罪处罚。强制隔离戒毒场所、医疗机构、医师违反规定使用麻醉药品、精神药品，尚不构成犯罪的，依照有关法律、行政法规的规定给予处罚。主要是指强制隔离戒毒场、医疗机构不按规定取得麻醉药品、精神药品的，不按照规定培训执业医师的，在戒毒治疗中不按规定使用麻醉药品、精神药品的等情况，要依法给予警告、罚款以及对主管人员进行行政处分。对医师违反规定开具麻醉药品、精神药品的，违规使用麻醉药品、精神药品的，要给予警告、吊销其执业证书等处罚。

## 70 公安机关、司法行政部门或者其他有关主管部门的工作人员在禁毒工作中，对戒毒人员有体罚、虐待行为的，应如何处罚？

公安机关、司法行政部门或者其他有关主管部门的工作人员对戒毒人员有体罚、虐待、侮辱等行为，构成犯罪的，根据其行为的具体情况和情节，分别依照《刑法》第234条故意伤害罪、第246条侮辱诽谤罪、第248条虐待被监管人罪的有关规定定罪处罚。尚不构成犯罪的，依照治安管理处罚法、人民警察法等法律、行政法规的有关规定给予行政处分。

## 71 公安机关、司法行政部门或者其他有关主管部门的工作人员在禁毒工作中，挪用、截留、克扣禁毒经费的，应如何处罚？

公安机关、司法行政部门或者其他有关主管部门的工作人员挪用、截留、克扣禁毒经费，构成犯罪的，要依照《刑法》第383条贪污罪、第384条挪用公款罪的有关规定追究刑事责任；尚不构成犯罪的，要

依照《预算法》等有关法律、行政法规的规定给予行政处分。

## 《禁毒法》从什么时候开始施行？《全国人民代表大会常务委员会关于禁毒的决定》还有效吗？

根据《禁毒法》第71条的规定，该法自2008年6月1日起施行。同时《全国人民代表大会常务委员会关于禁毒的决定》废止。

## 为什么要制定《戒毒条例》？

《中华人民共和国禁毒法》（以下简称禁毒法）规定了自愿戒毒、社区戒毒、强制隔离戒毒、社区康复等戒毒措施，同时规定，强制隔离戒毒场所的设置、管理体制和经费保障由国务院规定。为了实施禁毒法规定的各项戒毒措施，全面规范戒毒工作，有必要在总结以往强制戒毒、劳教戒毒执法实践经验，以及禁毒法规定的其他戒毒措施的试点经验基础上，制定《戒毒条例》。

## 条例对自愿戒毒是如何规定的？

禁毒法对自愿戒毒作了原则规定：吸毒人员可以自行到具有戒毒治疗资质的医疗机构接受戒毒治疗；吸毒人员主动到有资质的医疗机构接受戒毒治疗的，不予处罚。考虑到自愿戒毒与公安机关责令吸毒成瘾人员进行的社区戒毒、强制隔离戒毒等戒毒措施存在较大区别，为了体现对吸毒成瘾人员的关爱，引导其积极、主动到戒毒医疗机构接受治疗，依照禁毒法的原则规定，条例专设一章，对自愿戒毒作了专门规范：

一是明确国家鼓励吸毒成瘾人员自行戒除毒瘾。

二是规定了戒毒医疗机构应当与自愿戒毒人员或者其监护人签订

自愿戒毒协议，就戒毒方法、戒毒期限、戒毒的个人信息保密、戒毒人员应当遵守的规章制度、终止戒毒治疗的情形等作出约定，并应当载明戒毒疗效、戒毒治疗风险。

三是规定了戒毒医疗机构的执业规范，包括：对自愿戒毒人员开展艾滋病等传染病的预防、咨询教育；对自愿戒毒人员采取符合国务院卫生行政部门制定的戒毒治疗规范的治疗措施；采用的诊疗技术和方法，使用的药物、医院制剂、医疗器械应当科学、规范，符合国家有关规定；依法加强药品管理，防止麻醉药品、精神药品流失滥用。

此外，条例还对戒毒药物维持治疗制度作了原则规定。条例规定，由本人申请，并经登记，可以参加戒毒药物维持治疗；同时，条例授权国务院卫生行政部门会同国务院公安部门、药品监督管理部门制定具体的戒毒药物维持治疗的管理办法。

## 戒毒医疗机构应当履行哪些义务？

戒毒医疗机构应当履行下列义务：

（一）对自愿戒毒人员开展艾滋病等传染病的预防、咨询教育；

（二）对自愿戒毒人员采取脱毒治疗、心理康复、行为矫治等多种治疗措施，并应当符合国务院卫生行政部门制定的戒毒治疗规范；

（三）采用科学、规范的诊疗技术和方法，使用的药物、医院制剂、医疗器械应当符合国家有关规定；

（四）依法加强药品管理，防止麻醉药品、精神药品流失滥用。

76

## 条例对社区戒毒规定了哪些制度？

社区戒毒是禁毒法明确规定的一项戒毒措施。依托社区资源，建立戒毒治疗、康复指导、救助服务兼备的工作体系，充分发挥社区、

家庭的作用帮助吸毒成瘾人员戒除毒瘾，是社会管理创新的重要举措，充分体现了戒毒工作以人为本的原则。条例依照禁毒法关于社区戒毒的原则规定，在总结各地社区戒毒试点经验的基础上，作了如下规定：

一是明确由乡（镇）人民政府、城市街道办事处负责社区戒毒工作。

二是规定乡（镇）人民政府、城市街道办事处应当根据工作需要成立社区戒毒工作领导小组，配备社区戒毒专职工作人员，制定社区戒毒工作计划，落实社区戒毒措施；同时规定社区戒毒工作小组主要由社区戒毒专职工作人员、社区民警、社区医务人员、社区戒毒人员的家庭成员以及禁毒志愿者共同组成。

三是规定乡（镇）人民政府、城市街道办事处和社区戒毒工作小组应当采取戒毒知识辅导，教育劝诫，职业技能培训指导，就学就业就医援助等措施对社区戒毒人员进行管理、帮助。

四是细化了社区戒毒的决定、执行、变更、解除等环节的程序。

五是规定（镇）人民政府、城市街道办事处，应当与社区戒毒人员签订社区戒毒协议，明确社区戒毒的具体措施、社区戒毒人员应当遵守的规定以及违反社区戒毒协议应当承担的责任；同时，条例规定社区戒毒人员应当履行社区戒毒协议，定期接受公安机关的检测，离开社区戒毒执行地所在县（市、区）3 日以上的须书面报告。

此外，条例还对禁毒法规定的“严重违反社区戒毒协议”作了具有可操作性的界定，即社区戒毒人员在社区戒毒期间，逃避或者拒绝接受检测 3 次以上，擅自离开社区戒毒执行地所在县（市、区）3 次以上或者累计超过 30 日的，属于《中华人民共和国禁毒法》规定的“严重违反社区戒毒协议”。

## 77 乡（镇）人民政府、城市街道办事处和社区戒毒工作小组应当采取哪些措施管理、帮助社区戒毒人员？

乡（镇）人民政府、城市街道办事处和社区戒毒工作小组应当采取下列措施管理、帮助社区戒毒人员：

（一）戒毒知识辅导；

（二）教育、劝诫；

（三）职业技能培训，职业指导，就学、就业、就医援助；

（四）帮助戒毒人员戒除毒瘾的其他措施。

## 78 社区戒毒人员应当遵守哪些规定？

社区戒毒人员应当遵守下列规定：

（一）履行社区戒毒协议；

（二）根据公安机关的要求，定期接受检测；

（三）离开社区戒毒执行地所在县（市、区）3日以上的，须书面报告。

## 79 条例对强制隔离戒毒规定了哪些制度？

禁毒法将公安机关负责执行的强制戒毒和司法行政部门负责执行的劳教戒毒统一为强制隔离戒毒；同时规定，强制隔离戒毒场所的设置、管理体制和经费保障，由国务院规定。条例依照禁毒法的授权，对强制隔离戒毒作了如下规定：

一是明确了强制隔离戒毒场所的设置程序。条例规定，县级、设区的市级人民政府需要设置强制隔离戒毒场所的，应当合理布局，报省、自治区、直辖市人民政府批准，并纳入当地国民经济和社会发展规划。

二是明确了强制隔离戒毒场所分别由县级以上地方人民政府公安

机关、设区的市级以上地方人民政府司法行政部门管理，并由公安机关、司法行政部门分段执行强制隔离戒毒的体制。

三是规范了强制隔离戒毒场所的内部管理，规定了强制隔离戒毒场所在入所检查、分类分级管理、所外就医、诊断评估等方面的制度。

## 条例对社区康复作了哪些规定?

一是条例进一步明确了禁毒法规定的社区康复措施的适用对象。

二是明确了戒毒康复场所的康复对象。条例规定，自愿戒毒人员、社区戒毒、社区康复的人员可以自愿与戒毒康复场所签订协议，到戒毒康复场所戒毒康复、生活和劳动。

三是根据戒毒康复场所集心理矫治、劳动康复、职业培训功能于一体的特点，规范了戒毒康复场所的管理，包括：戒毒康复场所应当为戒毒人员提供戒毒康复、职业技能培训和生产劳动条件；应当加强管理，严禁毒品流入并建立戒毒康复人员自我管理、自我教育、自我服务的机制；组织戒毒人员参加生产劳动，应当参照国家劳动用工制度的规定支付劳动报酬。

此外，条例还规定，对拒绝接受社区康复或者严重违反社区康复协议，并再次吸食、注射毒品被决定强制隔离戒毒的，强制隔离戒毒不得提前解除。

## 对违反本条例的行为，规定了哪些法律责任?

一是对公安、司法行政、卫生行政等有关部门工作人员泄露戒毒人员个人信息的，依法给予处分；构成犯罪的，依法追究刑事责任。

二是对乡（镇）人民政府、城市街道办事处负责社区戒毒、社区康复工作的人员不依法履行社区戒毒、社区康复监督职责的行为，依法给予处分。

三是对强制隔离戒毒场所的工作人员徇私舞弊、玩忽职守、不履行法定职责的行为，依法给予处分；构成犯罪的，依法追究刑事责任。

# 案例警示录

## ——讲案情　细分析　懂道理

## 案例1　国家鼓励志愿人员参与禁毒社会服务工作

小丽本来是一个酒店的服务员，她勤劳肯干，脏活累活从不抱怨，工作做得很好。可是有一阶段，小丽的爷爷病了，小丽与爷爷的感情很深，可是工作忙又不能回去，因此她的情绪很低落。这时，有一个同事周林对她说："给你一样东西，保管让你忘掉烦恼。"就这样，在周林的劝诱下，小丽走上了吸毒的道路。她开始无心工作，每天就是想要吸毒，酒店发现小丽吸毒后把她辞退了，小丽感觉心灰意冷，越发破罐子破摔。不久，小丽被送进强制戒毒所进行戒毒。

刚进禁毒所的时候，小丽很抵触，每一天心里都是抱怨和绝望。戒毒期间，小丽身体素质差，加之毒品戒断后的反应，她病倒了。戒毒所管教民警坚持每天到病室问寒问暖，给小丽送水送药。戒毒所的教导员还亲自下厨为小丽开小灶。戒毒所民警无微不至的关心和入情入理的教育引导，矫治了小丽扭曲的心灵，使其重新扬起了生活的勇气和信心。

小丽成功戒毒后，没有忘记那些和她当初一样吸毒和帮助她戒毒的人们。是禁毒所民警和社会的共同努力让她获得了新生，她决定将这种温暖传递下去，自己要去做一个禁毒志愿者，要去向大家宣传毒品的危害，也要帮助更多的吸毒人员成功戒毒。法律支持志愿人员参与到禁毒宣传教育和戒毒工作中吗?

### 法律讲堂

禁毒工作涉及面广，社会性强，是一项系统工程，既需要政府及有关部门加强领导和执法，又需要依靠广大人民群众，动员社会力量广泛参与。禁毒是全社会的共同责任，国家鼓励和支持志愿人员参与到禁毒社会服务工作中。禁毒法明确规定国家鼓励志愿人员参与禁毒宣传教育和戒毒社会服务工作。地方各级人民政府应当对志愿人员进行指导、培训，并提供必要的工作条件。

**《中华人民共和国禁毒法》**

第十条　国家鼓励志愿人员参与禁毒宣传教育和戒毒社会服务工作。地方各级人民政府应当对志愿人员进行指导、培训，并提供必要的工作条件。

## 案例 2　妇联组织开展禁毒宣传教育符合法律规定

甲市某县妇联充分利用广播、电视、报刊、网络等公众媒体作了面向妇女的禁毒宣传项目和公益广告，并在各村运用宣传画，黑板报等形式宣传毒品的危害和防范毒品的重要性，号召大家积极参加健康有益的文体活动，组织老师教村民们学习广场舞健身，倡导文明、健康、科学的生活方式，通过辖区女性在家庭中宣传，使每个村民都积极投身到“无毒社区”的创建活动中来。问：该县妇联的做法是否符合我国《禁毒法》的规定？

甲市某县妇联的做法符合《禁毒法》的规定。我国《禁毒法》第十二条规定，各级人民政府应当经常组织开展多种形式的禁毒宣传教育。工会、共产主义青年团、妇女联合会应当结合各自工作对象的特点，组织开展禁毒宣传教育。甲市某县妇联结合自己的工作对象是妇女的特点，采取禁毒专题项目、公益广告等形式，积极开展禁毒宣传教育，是符合法律规定的。

法条链接

**《中华人民共和国禁毒法》**

第十二条　各级人民政府应当经常组织开展多种形式的禁毒宣传教育。

工会、共产主义青年团、妇女联合会应当结合各自工作对象的特点，组织开展禁毒宣传教育。

## 案例3　学校应当对学生进行禁毒宣传教育

这一天，阳光明媚，阳光中学开展了禁毒知识讲座，校长亲自给同学们讲解了什么是毒品以及毒品的危害，告诫大家“远离毒品，快乐生活”。同学们听了讲座后，了解了什么是毒品，对毒品会给身体以及心理带来的危害有了深刻的认识。家长们听说学校举办了这样的讲座后，对学校负责任的态度纷纷表示赞同。学校应当对学生进行禁毒宣传教育吗？

### 法律讲堂

我国《禁毒法》明确规定教育行政部门、学校应当将禁毒知识纳入教育、教学内容，对学生进行禁毒宣传教育。公安机关、司法行政部门和卫生行政部门应当予以协助。所以学校开展禁毒宣传教育的讲座是很有益的，也是国家所肯定的。

### 法条链接

**《中华人民共和国禁毒法》**

第十三条　教育行政部门、学校应当将禁毒知识纳入教育、教学内容，对学生进行禁毒宣传教育。公安机关、司法行政部门和卫生行政部门应当予以协助。

## 案例4　未成年人的父母有对未成年人进行毒品危害教育的义务

小周今年15岁，他从小学五年级起就辍学了。因为同龄人大多还待在学校里，所以他平时都是跟几个比自己大几岁的青年一起玩。小周的父母因为忙着做生意，平时并没有时间关心他跟谁一起玩，都做了些什么。有一次，小周和几个青年聚在一起玩的时候，看到他们都在向胳膊上扎针管注射，看起来很陶醉的样子。其中一个朋友蒋某邀请他也一起“打一针试试”，小周猜到他们是在注射毒品，内心有些害怕，就拒绝了。这样的次数多了以后，有一次小周就按捺不住好奇心同意了，“朋友们”帮他打了一针，小周没有那种陶醉的感觉。为了能同这些青年打成一片，小周没有拒绝第二次，第三次，这样几次之后，他便吸毒成瘾了。当小周主动开口讨要毒品时，蒋某就开始向他收钱了，小周感到被骗了，可是他已经陷入了毒品的泥沼中无法自拔。他只好向父亲开口要钱，要多了之后，在父亲的盘问下，他终于承认了吸毒的事情。但是小周的父亲因为忙于生意，对小周打骂了几天之后，就放松了对他的关心和教育。小周又开始和他的那帮“朋友们”混在一起，因为家人不再给他钱，他开始从家里面偷钱，有一次，他去姑姑家的时候又从姑姑那里偷拿了500块钱。

后来小周在一次吸毒时被警方发现，被公安机关责令强制戒毒。小周的父母尽到了他们应该履行的管理教育义务吗？

### 法律讲堂

**针对案例中小周吸食毒品的行为，其父母没有尽到《中华人民共**

和国禁毒法》规定他们应该履行的义务。我国《禁毒法》第十八条规定，未成年人的父母或者其他监护人应当对未成年人进行毒品危害的教育，防止其吸食、注射毒品或者进行其他毒品违法犯罪活动。本案中，小周天天和几个吸毒者在一起玩耍，很容易染上毒品，他的父母应该对他进行毒品危害的教育，告知他远离毒品，而且在发现小周染上毒瘾后，其父母也是对其打骂几天后就忙于生意不再理会，放松了对小周的管教，所以其父母没有尽到法律规定他们应该履行的义务。

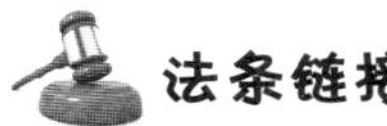

### 法条链接

**《中华人民共和国禁毒法》**

第十八条　未成年人的父母或者其他监护人应当对未成年人进行毒品危害的教育，防止其吸食、注射毒品或者进行其他毒品违法犯罪活动。

## 案例 5　国家对麻醉药品药用原植物种植实行管制措施

2009 年 5 月，某派出所所长带领民警五六人，在辖区内进行安全隐患排查。行至某村时，在公路边发现一块地里种植着一片绿油油的植物，走近仔细一看发现这块地里的植物竟然是法律禁止种植的罂粟。

民警马上找来该村村长协助调查，并将非法种植的罂粟原植物 600 余株当场铲除。而当民警铲除完这块地里的罂粟后又发现，距这块地不到 100 米的草丛中也种植着罂粟。所长立即向分局领导、禁毒大队以及当地政府汇报，并继续带领民警向山上搜索。很快又发现了附近地块里种植的罂粟原植物。这引起了该所的高度重视，该所一方面在政府干部及村干部的协助下，将非法种植的罂粟就地铲除；另一方面立即展开调查，查找非法种植毒品原植物的违法犯罪嫌疑人。本案中村民种植罂粟的行为违法吗？民警的处理方式是否合适？

## 法律讲堂

根据《中华人民共和国禁毒法》的规定，国家禁止非法种植罂粟、古柯植物、大麻植物等可用于提炼加工毒品的其他原植物，该村的村民在没有任何许可的情况下在山上大面积种植罂粟，触犯了《中华人民共和国禁毒法》的规定。地方各级人民政府有义务立即采取措施制止这种非法种植行为，对非法种植的毒品原植物予以铲除。而民警作为人民政府的执法人员，在发现后及时找村长协助调查，向上级机关报告情况并及时对非法种植的罂粟就地铲除的处理方式，符合《禁毒法》的规定。

## 法条链接

**《中华人民共和国禁毒法》**

第十九条　国家对麻醉药品药用原植物种植实行管制。禁止非法种植罂粟、古柯植物、大麻植物以及国家规定管制的可以用于提炼加工毒品的其他原植物。禁止走私或者非法买卖、运输、携带、持有未经灭活的毒品原植物种子或者幼苗。

地方各级人民政府发现非法种植毒品原植物的，应当立即采取措施予以制止、铲除。村民委员会、居民委员会发现非法种植毒品原植物的，应当及时予以制止、铲除，并向当地公安机关报告。

## 案例 6　娱乐场所发现毒品违法犯罪活动应当立即向公安机关报告

2012 年 8 月，某市 100 多家服务娱乐场所负责人签订了《禁毒责任书》，成为公安机关举报涉毒线索的禁毒联络员。责任书中明确

规定娱乐场所业主及从业人员都是本单位的禁毒联络员，对场所内有毒品违法犯罪行为的，要及时向公安机关报告，并建立定期汇报制度，及时向公安机关禁毒部门报告场所内涉毒情况。公安部门对与会的娱乐场所负责人现场进行了培训，并分发了禁毒宣传手册，使他们认识到毒品的危害性，熟知禁毒法律法规。公安机关将为举报人保密，并在查证举报信息属实的情况下，对举报人员予以物质奖励。本案中，某市公安局与服务娱乐场所负责人签订的《禁毒责任书》有法律依据吗？

## 法律讲堂

在本案例中，某市公安局与服务娱乐场所签订《禁毒责任书》，明确规定娱乐场所业主及从业人员都是本单位的禁毒联络员，对场所内有毒品违法犯罪行为的，要及时向公安机关报告。这是通过《禁毒责任书》的形式将《中华人民共和国禁毒法》第二十七条所规定的“娱乐场所应当建立巡查制度，发现娱乐场所内有毒品违法犯罪活动的，应当立即向公安机关报告”这一义务明确化，从而针对性更强，符合法律规定。

## 法条链接

**《中华人民共和国禁毒法》**

第二十七条　娱乐场所应当建立巡查制度，发现娱乐场所内有毒品违法犯罪活动的，应当立即向公安机关报告。

第六十五条　娱乐场所及其从业人员实施毒品违法犯罪行为，或者为进入娱乐场所的人员实施毒品违法犯罪行为提供条件，构成犯罪的，依法追究刑事责任；尚不构成犯罪的，依照有关法律、行政法规的规定给予处罚。

娱乐场所经营管理人员明知场所内发生聚众吸食、注射毒品或者贩毒活动，不向公安机关报告的，依照前款的规定给予处罚。

## 案例7 戒毒人员符合条件的可以采取社区戒毒的方式进行戒毒

杨某是A市人，平时做服装生意，因为交友不慎，染上毒瘾，杨某自己非常抵制吸毒行为，可是由于染上毒瘾后难以自拔，他几乎每天都要注射一次。家里人商量让他去戒毒所接受强制戒毒，可是杨某希望能有更好的办法，尽量不去戒毒所。当地公安机关了解到这种情况后，向杨某以及他的家人普及了社区戒毒的戒毒方式。杨某接受了这种方式，采用社区戒毒的方式进行戒毒。一年以后，杨某成功戒毒了。

### 法律讲堂

禁毒法实施之前，根据禁毒方面的有关法律规定，对吸毒成瘾人员一律实行强制戒毒；经强制戒毒后又复吸的，决定劳动教养，在劳动教养中进行戒毒。这种与社会隔离的戒毒方法虽然能够在一定期限内有效地阻止吸毒成瘾人员接触毒品，在短期内消除生理依赖，但不利于戒毒人员巩固戒毒效果，顺利回归社会，恢复正常的社会生活。为了加强对戒毒人员的管理和帮教，提高戒毒的成效，禁毒法针对吸毒成瘾的不同情况，分别规定了自愿戒毒、社区戒毒和强制隔离戒毒三种戒毒方式。国家鼓励吸毒人员自愿到有戒毒治疗资质的医疗机构接受戒毒治疗；对吸毒成瘾人员，公安机关可以责令其在户籍所在地或者现居住地接受社区戒毒，负责社区戒毒工作的城市街道办事处、乡镇人民政府可以指定有关基层组织与吸毒人员签订社区戒毒协议，落实有针对性的社区戒毒措施。本案中杨某这种情况就符合社区戒毒的情形，并采用社区戒毒的方式成功戒毒。

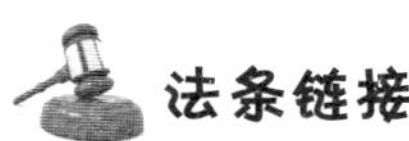

## 法条链接

**《中华人民共和国禁毒法》**

第三十三条　对吸毒成瘾人员，公安机关可以责令其接受社区戒毒，同时通知吸毒人员户籍所在地或者现居住地的城市街道办事处、乡镇人民政府。社区戒毒的期限为三年。

戒毒人员应当在户籍所在地接受社区戒毒；在户籍所在地以外的现居住地有固定住所的，可以在现居住地接受社区戒毒。

第三十四条　城市街道办事处、乡镇人民政府负责社区戒毒工作。城市街道办事处、乡镇人民政府可以指定有关基层组织，根据戒毒人员本人和家庭情况，与戒毒人员签订社区戒毒协议，落实有针对性的社区戒毒措施。公安机关和司法行政、卫生行政、民政等部门应当对社区戒毒工作提供指导和协助。

城市街道办事处、乡镇人民政府，以及县级人民政府劳动行政部门对无职业且缺乏就业能力的戒毒人员，应当提供必要的职业技能培训、就业指导和就业援助。

第三十五条　接受社区戒毒的戒毒人员应当遵守法律、法规，自觉履行社区戒毒协议，并根据公安机关的要求，定期接受检测。

对违反社区戒毒协议的戒毒人员，参与社区戒毒的工作人员应当进行批评、教育；对严重违反社区戒毒协议或者在社区戒毒期间又吸食、注射毒品的，应当及时向公安机关报告。

## 案例8　设置戒毒医疗机构或者医疗机构从事戒毒治疗业务的，应报卫生行政部门批准

某公安机关接到群众举报，附近的一家诊所未经批准擅自从事戒

毒治疗业务。公安机关接到举报后立即展开了调查，来到该诊所后，发现该诊所确实有开展戒毒治疗业务，并利用禁毒治疗业务营利。该诊所负责人说："我从事戒毒治疗业务怎么了，难道不符合法律规定吗？"对于该诊所的这种行为，公安机关应该怎么处理？

## 法律讲堂

根据《禁毒法》的相关规定，设置戒毒医疗机构或者医疗机构从事戒毒治疗业务的，应当符合国务院卫生行政部门规定的条件，报所在地的省、自治区、直辖市人民政府卫生行政部门批准，并报同级公安机关备案。该诊所未经批准擅自从事戒毒治疗业务，应该由卫生行政部门责令其停止违法业务活动，没收违法所得和使用的药品、医疗器械，如果因为他们的违法活动造成了严重后果，还要依法追究刑事责任。

## 法条链接

**《中华人民共和国禁毒法》**

第三十六条　吸毒人员可以自行到具有戒毒治疗资质的医疗机构接受戒毒治疗。

设置戒毒医疗机构或者医疗机构从事戒毒治疗业务的，应当符合国务院卫生行政部门规定的条件，报所在地的省、自治区、直辖市人民政府卫生行政部门批准，并报同级公安机关备案。戒毒治疗应当遵守国务院卫生行政部门制定的戒毒治疗规范，接受卫生行政部门的监督检查。

戒毒治疗不得以营利为目的。戒毒治疗的药品、医疗器械和治疗方法不得做广告。戒毒治疗收取费用的，应当按照省、自治区、直辖

市人民政府价格主管部门会同卫生行政部门制定的收费标准执行。

第六十六条　未经批准，擅自从事戒毒治疗业务的，由卫生行政部门责令停止违法业务活动，没收违法所得和使用的药品、医疗器械等物品；构成犯罪的，依法追究刑事责任。

## 案例9　公安机关在符合法律规定的情形下可以对戒毒人员作出强制隔离戒毒的决定

刘某今年28岁，是A市B区人，2008年4月份因吸食毒品成瘾被B区公安机关责令接受社区戒毒3年，期间因刘某屡次违反社区戒毒协议不到社区接受社区戒毒，B区公安机关找了多次也未找到刘某，决定对其采取强制隔离戒毒，遂对其作出《强制隔离戒毒决定书》。公安机关在什么情况下可以对戒毒人员作出强制隔离戒毒的决定？

### 法律讲堂

对吸毒成瘾人员，公安机关可以责令其接受社区戒毒，同时通知吸毒人员户籍所在地或者现居住地的城市街道办事处、乡镇人民政府。根据《中华人民共和国禁毒法》第三十八条的规定，吸毒成瘾人员拒绝接受社区戒毒的，在社区戒毒期间吸食、注射毒品的，严重违反社区戒毒协议的，以及经社区戒毒、强制隔离戒毒后再次吸食、注射毒品的情形下，县级以上人民政府公安机关可以对其作出强制隔离戒毒的决定。

### 法条链接

**《中华人民共和国禁毒法》**

第三十八条　吸毒成瘾人员有下列情形之一的，由县级以上人民政府公安机关作出强制隔离戒毒的决定：

（一）拒绝接受社区戒毒的；

（二）在社区戒毒期间吸食、注射毒品的；

（三）严重违反社区戒毒协议的；

（四）经社区戒毒、强制隔离戒毒后再次吸食、注射毒品的。

对于吸毒成瘾严重，通过社区戒毒难以戒除毒瘾的人员，公安机关可以直接作出强制隔离戒毒的决定。

吸毒成瘾人员自愿接受强制隔离戒毒的，经公安机关同意，可以进入强制隔离戒毒场所戒毒。

## 案例 10　怀孕的妇女不适用强制隔离戒毒措施

A 市 B 区女子杨某因为吸食毒品，且经社区戒毒后再次吸食、注射毒品，B 区公安机关决定对其进行强制隔离戒毒。就在公安机关准备作出《强制隔离戒毒决定书》的时候，发现杨某已经怀孕 3 个月了，遂取消对其进行强制隔离戒毒的决定，而仍然决定让其接受社区戒毒，并建议由当地政府加强帮助、教育和监督，督促落实社区戒毒措施。本案中公安机关的做法是否符合法律规定？

### 法律讲堂

该区公安机关的做法符合《中华人民共和国禁毒法》第三十九条的规定。本案中，杨某的行为本来是符合禁毒法第三十八条关于强制隔离戒毒的决定的，但是在公安机关准备对其作出强制隔离决定的时候发现杨某系怀孕妇女，于是根据《禁毒法》第三十九条“怀孕或者正在哺乳自己不满一周岁婴儿的妇女吸毒成瘾的，不适用强制隔离戒毒”的规定，杨某不适用强制隔离戒毒，而对其进行社区戒毒，并由

B区政府加强帮助、教育和监督，督促落实社区戒毒措施。所以该区公安机关的做法是符合法律规定的。

## 法条链接

**《中华人民共和国禁毒法》**

第三十九条　怀孕或者正在哺乳自己不满一周岁婴儿的妇女吸毒成瘾的，不适用强制隔离戒毒。不满十六周岁的未成年人吸毒成瘾的，可以不适用强制隔离戒毒。

对依照前款规定不适用强制隔离戒毒的吸毒成瘾人员，依照本法规定进行社区戒毒，由负责社区戒毒工作的城市街道办事处、乡镇人民政府加强帮助、教育和监督，督促落实社区戒毒措施。

## 案例11　对于戒毒情况良好的戒毒人员，可以提前解除强制隔离戒毒

2010年4月徐某经甲区公安机关决定被送往强制隔离戒毒场所进行两年的强制戒毒。在该场所戒毒一年后，2011年5月，该戒毒所依法对强制隔离戒毒满一年的36名人员进行生理和心理康复、行为矫治方面的诊断评估。最终评估结果为“优秀”的12名学员获准提前解除强制隔离戒毒，徐某就是其中之一。经该区公安机关批准予以提前解除强制隔离戒毒，同时该区公安机关责令徐某接受为期两年的社区康复。本案中徐某被提前解除强制隔离戒毒是否符合法律规定？

## 法律讲堂

徐某被提前解除强制隔离戒毒符合法律规定。我国《禁毒法》第四十七条规定，“执行强制隔离戒毒一年后，经诊断评估，对于

戒毒情况良好的戒毒人员，强制隔离戒毒场所可以提出提前解除强制隔离戒毒的意见，报强制隔离戒毒的决定机关批准。”本案中，徐某经过戒毒所的诊断评估被评为“优秀”档次，相关机构认为徐某可以提前解除强制隔离戒毒，并报该区公安机关予以批准，是符合我国《禁毒法》的规定的。

### 法条链接

**《中华人民共和国禁毒法》**

第四十七条　强制隔离戒毒的期限为二年。

执行强制隔离戒毒一年后，经诊断评估，对于戒毒情况良好的戒毒人员，强制隔离戒毒场所可以提出提前解除强制隔离戒毒的意见，报强制隔离戒毒的决定机关批准。

强制隔离戒毒期满前，经诊断评估，对于需要延长戒毒期限的戒毒人员，由强制隔离戒毒场所提出延长戒毒期限的意见，报强制隔离戒毒的决定机关批准。强制隔离戒毒的期限最长可以延长一年。

## 案例 12　强制隔离戒毒场所应当对戒毒人员进行有针对性的生理、心理治疗和身体康复训练

戒毒人员刘某（女）进入甲市乙区强制隔离戒毒场所后，戒毒所的工作人员按照其自身的身体情况及吸毒严重程度对其进行了分班，以方便进行不同的身体康复训练。刘某被分到了 A 班，该班均为女性戒毒人员，戒毒所给她们安排的训练为健身操以及瑜伽，这些训练都有工作人员陪同，以免发生意外。戒毒所还对每个戒毒人员配备了心理咨询师，对她们进行心理指导。在戒毒人员闲暇的时候，会进行一些劳动，戒毒所根据工作量发给她们劳动报酬。本案中强

制戒毒所的做法是否符合《禁毒法》规定？

## 法律讲堂

本案中强制隔离戒毒场所的做法符合《禁毒法》第四十三条的规定。刘某进入强制隔离戒毒场所后，戒毒所根据其身体情况、吸毒严重程度对其分班，并给她们提供健身操等训练以及心理咨询，从生理、心理及身体康复等各个方面对戒毒人员以关怀和帮助。在戒毒人员劳动的时候，戒毒所还给其发放劳动报酬，是符合“组织戒毒人员参加生产劳动的，应当支付劳动报酬”的法律规定的。

## 法条链接

**《中华人民共和国禁毒法》**

第四十三条　强制隔离戒毒场所应当根据戒毒人员吸食、注射毒品的种类及成瘾程度等，对戒毒人员进行有针对性的生理、心理治疗和身体康复训练。

根据戒毒的需要，强制隔离戒毒场所可以组织戒毒人员参加必要的生产劳动，对戒毒人员进行职业技能培训。组织戒毒人员参加生产劳动的，应当支付劳动报酬。

## 案例 13　戒毒人员的亲属可以按照有关规定探访戒毒人员

某市公安局戒毒所内，某一个戒毒人员的姐姐要进去探望自己正在戒毒的弟弟，在探访前，一名负责管理的工作人员向她收取了 200 元钱，说这是探视费。 该姐姐对工作人员说，为什么每次都要收 200 元钱，你们这里有这个规定吗。该工作人员说：“费那么多话干什么，你到底想见还是不想见，不想见赶紧走。”该戒毒人员的姐姐只好交上钱见到自己的弟弟。后经当地一家报纸的记者深入采访，该戒毒所并没有明文规定探视亲属要交探视费。面对记者的询问，该工作人员又改口说收取的钱是给戒毒人员买生活用品用的，可是戒毒人员说他们买生活用品的钱是另外向家里人要的，可见该戒毒所在戒毒人员亲属探访方面是很不规范的。请问该戒毒所工作人员向戒毒人员亲属收取200元探视费的做法符合法律规定吗?

## 法律讲堂

《禁毒法》规定戒毒人员的亲属和所在单位或者就读学校的工作人员，可以按照有关规定探访戒毒人员。法律和相关规定并没有规定戒毒人员的亲属在探访戒毒人员时应该交探视费。探访人员应当接受强制隔离戒毒所身份证件检查，遵守探访规定，但是戒毒所也应当依照法律规定建立合理规范的亲属探访制度，不能随便乱收费。

## 法条链接

**《中华人民共和国禁毒法》**

第四十六条　戒毒人员的亲属和所在单位或者就读学校的工作人员，可以按照有关规定探访戒毒人员。戒毒人员经强制隔离戒毒场所批准，可以外出探视配偶、直系亲属。

**《公安机关强制隔离戒毒所管理办法》**

第二十四条　强制隔离戒毒所建立探访制度，允许戒毒人员亲属、所在单位或者就读学校的工作人员探访。

探访人员应当接受强制隔离戒毒所身份证件检查，遵守探访规定。对违反规定的探访人员，强制隔离戒毒所可以提出警告或者责令其停止探访。

## 案例14 公安机关对被依法拘留、逮捕的吸毒人员，应当给予必要的戒毒治疗

梁某因涉嫌抢劫罪被甲市乙区公安局拘留，后经检察院批准逮捕，被关押于甲市乙区看守所，在其被关押期间，看守所工作人员发现梁某因长期吸毒引起戒断反应，遂将此事向该区公安局报告。此案例中，该区公安局对看守所的报告应该如何处理？

### 法律讲堂

对于看守所报告的情况，公安局查证属实后应当给予必要的戒毒治疗。根据《禁毒法》第五十条的规定，本案中梁某是公安机关依法拘留并经批准予以逮捕的吸毒人员，公安局应当给予必要的戒毒治疗。

### 法条链接

**《中华人民共和国禁毒法》**

第五十条　公安机关、司法行政部门对被依法拘留、逮捕、收监执行刑罚以及被依法采取强制性教育措施的吸毒人员，应当给予必要的戒毒治疗。

## 案例15 戒毒人员在入学和就业等方面享有不受歧视的权利

周强是一名曾经吸毒现在成功戒毒的青年男性。27岁的他历经艰辛，当初被贩毒人员诱骗走上吸毒的道路，把自己打工积攒的积蓄都花光了。后来他两次被送到戒毒所戒毒，终于彻底摆脱了毒瘾。可戒毒成功的他仍旧摆脱不了因过去吸毒所产生的自卑情绪，总觉得在大街上走的时候会被人指指点点。他因此不愿意出门，整天闷在家里。周强的父母和他的姐姐给了他很大的关怀，他们认为他应该鼓起勇气，出去找份新工作，通过努力工作找到自己在社会中的位置。可是周强怕工作单位听说他是戒毒人员会不愿意接纳他，周强的姐姐对他说现在国家法律规定戒毒人员在入学和就业等方面享有不受歧视的权利，让他放心。请问周强姐姐的说法对吗?

## 法律讲堂

一直以来，社会上一部分人存在对戒毒人员的歧视，有关单位不愿意接收戒毒人员，这不利于戒毒人员重新融入社会，也不利于对戒毒人员形成心理支持，容易使他们自暴自弃，对他们自身及社会都可能产生危害。国家以法律的形式保障戒毒人员不受歧视的权利，《中华人民共和国禁毒法》明确规定戒毒人员在入学、就业、享受社会保障等方面不受歧视。而且规定有关部门、组织和人员应当在入学、就业、享受社会保障等方面对戒毒人员给予必要的指导和帮助。对于有些单位及个人歧视戒毒人员的行为，《禁毒法》规定了有关单位及其工作人员在入学、就业、享受社会保障等方面歧视戒毒人员所应当承担的相关的行政责任及法律责任。

## 法条链接

**《中华人民共和国禁毒法》**

第五十二条　戒毒人员在入学、就业、享受社会保障等方面不受歧视。有关部门、组织和人员应当在入学、就业、享受社会保障等方面对戒毒人员给予必要的指导和帮助。

第七十条　有关单位及其工作人员在入学、就业、享受社会保障

等方面歧视戒毒人员的，由教育行政部门、劳动行政部门责令改正；给当事人造成损失的，依法承担赔偿责任。

## 案例16　非法持有毒品要承担法律责任

李菲有个表哥叫杨明。一天，李菲接到杨明的电话说，有些东西要在她家里放几天。李菲以为是什么大物件，表哥家里放不下，想也没想就答应了。杨明来了以后，李菲发现他只拿了一个小包裹，杨明对她说："封好口了，就别打开了，别弄丢了。"表哥走了以后，李菲对这个包裹很是好奇，她决定看看里面究竟是什么东西。打开以后，是一包一包的粉末。李菲第一直觉就觉得这些东西像以前在电视上看到的毒品，她大吃一惊，不敢相信表哥居然做起了贩毒的勾当。她急忙来到电脑前查了下，确信这些就是毒品。她很害怕，不知道该怎么办，也不敢问表哥，想丢掉又怕到时候表哥来质问自己，于是她就忐忑地把这些东西放在了家里。

没想到过了两天，警方就来到了李菲家。原来表哥杨明所在的贩毒团伙被警方抓获了，杨明对警方交代了在李菲家里藏有毒品的犯罪事实。李菲因为非法持有毒品也被追究法律责任。请问持有毒品也要承担法律责任吗?

### 法律讲堂

非法持有毒品应当承担相应的法律责任。《中华人民共和国禁毒法》规定，非法持有毒品，构成犯罪的，依法追究刑事责任；尚不构成犯罪的，依法给予治安管理处罚。而《中华人民共和国刑法》对持有毒品的相应数量规定了相应的刑事责任。本案中李菲明知杨明放在其家里的物品是毒品而仍然非法持有，是违反法律规定的行为，依法应承担相应的法律责任。我们每一个公民都应该提高法律意识，做一个学法、尊法、守法、用法的好公民。

## 法条链接

**《中华人民共和国禁毒法》**

第五十九条　有下列行为之一，构成犯罪的，依法追究刑事责任；尚不构成犯罪的，依法给予治安管理处罚：

（一）走私、贩卖、运输、制造毒品的；

（二）非法持有毒品的；

（三）非法种植毒品原植物的；

（四）非法买卖、运输、携带、持有未经灭活的毒品原植物种子或者幼苗的；

（五）非法传授麻醉药品、精神药品或者易制毒化学品制造方法的；

（六）强迫、引诱、教唆、欺骗他人吸食、注射毒品的；

（七）向他人提供毒品的。

**《中华人民共和国刑法》**

第三百四十八条　非法持有鸦片一千克以上、海洛因或者甲基苯丙胺五十克以上或者其他毒品数量大的，处七年以上有期徒刑或者无期徒刑，并处罚金；非法持有鸦片二百克以上不满一千克、海洛因或者甲基苯丙胺十克以上不满五十克或者其他毒品数量较大的，处三年以下有期徒刑、拘役或者管制，并处罚金；情节严重的，处三年以上七年以下有期徒刑，并处罚金。

# 普法小故事

## ——读故事 学法律 记得牢

# 成功戒毒，走向新生

时间：2013 年 9 月

地点：一个咖啡屋

人物：张琳——报社记者

余丽——接受记者采访的一名成功戒毒人员

张琳是一名报社记者，在国际禁毒日来临前夕，报社要做一个“学习《禁毒法》，拒绝毒品，构建和谐社会”的专栏。最近她采访了一名叫余丽（化名）的成功戒毒人员，面对记者，余丽倾诉了她自己从一个创业成功的女商人到染上毒瘾痛不欲生，最后成功戒毒走向幸福生活的经历，她的经历让张琳感慨颇多。张琳感觉报社开设这样一个专栏，对《禁毒法》进行普法宣传，用相关人员的亲身经历给大众以警醒，是很有意义的。

余丽对张琳说：“那样的经历，说实话我一点都不愿去回忆，那几年真的是一段暗无天日的日子，生活全被毁了。我要感谢父母，感谢戒毒所民警，帮助我成功戒毒，给了我新生。我把这些经历告诉大家，希望能让大家知道毒品的危害，也希望能帮助更多的人成功戒毒。”

在接受张琳采访时，余丽忍不住再次落泪。余丽说，她的童年非常幸福，有疼爱自己的父母、哥哥，父亲对她非常溺爱。也许正是因为这样，养成了她娇生惯养、叛逆和刁蛮任性的性格。

“初中毕业以后，就感觉不想念书了，觉得念书没意思，太累，父母怎么说都没用，就那么辍学了。”余丽说，那一阵子自己跟家里人闹得很激烈，父母怎么说都要让她继续读书。母亲性格温柔，见劝不动他，整天以泪洗面。而父亲的反应更为激烈："不读书怎么在社会上立足，你看看你的同龄人哪个辍学了，你不想上学也甭走出这个家门，咱家丢不起那个人！"一向宠爱她的爸爸暴跳如雷，爸爸是生意场上的人，非常喜欢有文化有学识的人，他不能容忍余丽浪费掉好好在学校学习的机会，这么早步入社会。女儿还太年轻，正应该是在学校里汲取养分的大好年龄，他想不通余丽怎么就这么不懂事。父亲找了好多亲戚和朋友来劝她，但是她性格非常倔强，怎么都不肯妥协。那一阵子，她绝食了，一开始是父母生气，做好了饭见她不过来吃也不理会他，但是好几天僵持下来，疼爱女儿的父母也心软下来。最终父母无奈地顺从了她，虽然她的辍学让父母特别伤心，但是家里还是托关系给她找了一份很不错的稳定工作。余丽说："现在想想，中学辍学真是一个错误而任性的决定，十几岁的年纪坐在明亮的教室里上课学习是多么美好的一件事情，可是当时没有珍惜。"

工作后的余丽很快结婚了，丈夫工作稳定，两人生下了一个可爱的女儿，小日子过得很幸福。"当时真的很幸福，我们两口子工作不错，生活条件也不错，可是，因为一些琐事和性格上的分歧，本来幸福的婚姻没几年竟然走向了尽头。那些问题其实本来都还可以克服，可是年轻的两个人都不肯低头，就这样两个人离婚了。"孩子判给了丈夫，离婚给余丽带来了人生中第一次最残酷的打击。余丽说当时孩子还小，不知道父母离婚了，她跟孩子说自己要去出差了，强忍住自己的眼泪赶紧离开了，她怕自己多耽搁一会儿眼泪就会夺眶而出。

"我刚离家时，感觉无比的绝望，不知道自己还会有明天吗，不知道自己怎样活下去，天天躺在床上以泪洗面。天永远是黑的，暗无天日。不想吃饭，每天无心梳洗，也没有动力上班。"余丽含着眼泪说。

可是，自强的余丽还是走出了离婚的阴影。她从一家公司的业

务员干起，终于拥有了自己的工厂，销售服装，资产达到数百万元。

然而，正在生意非常好的时候，一次经营决策失误，在签供货合同的时候对对方的资质没有审核清楚，被骗走了几十万元。余丽非常郁闷，感觉不再像以前那样相信别人。虽然做生意有赔有赚是正常的事，可是自己这样轻信别人一下子被卷走这么多钱，她还是非常自责也很痛恨那个骗子。而且眼下给员工发放工资都成问题，下班回到家以后自己孤零零的一个人，想到以前有老公，有孩子，一家人其乐融融的日子，余丽心里更是酸楚的很。那一阵子，她下班以后也不愿意回家，而是去一家酒吧里希望“借酒消愁”。

“其实当时虽然生意受挫，每天情绪低落，但是还没有到绝望的地步，因为毕竟自己还有个规模不小的工厂，所以我认为自己能够重新站起来。”余丽说。去酒吧只是希望去消遣一下，忘掉自己眼下的烦恼和挫折，说不定也能认识点新朋友，缓解一下独自一人创业的孤独和压力。但是万万没想到去酒吧以后竟然接触上了毒品，从此自己的生意，自己的人生都发生了如此大的转折，毒品接触以后就是一条不归路，余丽希望她的经历能给大家以警醒。

去酒吧玩了几天后，她的确认识了几个新朋友，但是没想到这几个“新朋友”都是不折不扣的损友，不务正业的他们将余丽带上了吸毒的道路。“2006年7月20日，我永远也忘不掉。就是从那一天开始，我的人生都改变了。”回忆起第一次吸毒，余丽记忆犹新。那一天，她和几个朋友到歌厅玩，酒后，朋友们拿出一些白色粉末在锡纸上吸食，人人都很陶醉的样子，她知道，那就是毒品。

“刚开始是好奇，确实不敢碰，也害怕、排斥，可见多了、听多了，就从恐惧变成好奇了。那天，在朋友的劝说下，我就吸了几口，他们说一次不能上瘾，其实冰毒一次就上瘾，我现在明白，他们就是为了让我吸毒，好卖我毒品赚我钱！”余丽说。

从那天开始，余丽的生活完全变了样，从积极创业到为购买毒品四处筹钱，原本还可以东山再起的事业更是一落千丈，公司欠了一屁股债，最后连厂房也被银行收走了。余丽说："那是黑暗的日子，什么都没有，什么都不想，就吸毒之后用幻想来麻痹自己。"

那段时间之前，她还是非常想念孩子，会时不时地和孩子通个电话，有时候也去幼儿园接着孩子和孩子一起吃饭。可是自从接触毒品之后，自己什么都顾不上了，事业抛之不顾，孩子也完全顾不上了。女儿璐璐在幼儿园里见到别人的妈妈去送，也总是哭闹着要妈妈，前夫不忍心，而且本来他们离婚就是因为琐事，现在随着年龄的增长，不再那么任性，所以前夫打电话约她见面，希望能跟她复婚。这曾经真是她期盼的呀，在梦里，前夫牵着孩子的手，来到她的身边，跟她说："回家吧，亲爱的。"她在梦里都流下了激动和幸福的泪水。可是这都是以前，自己现在这副状况怎么配拥有幸福呢，自己现在这种状态怎么能回到女儿身边呢，余丽痛苦地断然回绝了前夫的复婚请求。

清醒时，余丽也知道自己这样下去就完了，于是就想戒毒，可个人的意志力根本无法抵抗毒品的侵蚀，毒瘾发作时，身上如蚂蚁啃咬般的痛苦令她一次次放弃。每当她戒了又开始吸的时候，心里就充满了绝望的感觉，看着这样不堪的自己，感到悲愤，就想，这辈子就这样吧，自己救不了自己了。

身无分文的余丽开始去找自己的父母要钱，借口是自己做生意需要周转资金，她的父母并不知道她现在吸毒的事，也不知道她的工厂已经破产了，她回到家以后，她的妈妈还像以前那样唠叨个不停："你也不小了，生意固然重要，可是个人问题你也得抓点紧，已经离过婚的人了，眼光也不要太高，能过日子知道疼你最好，有合适的就带回来看看，还有我也想璐璐了，什么时候带她过来住几天。" 余丽以前

不管多忙，对妈妈的唠叨都要听着然后跟她聊一会儿，现在的她催促着妈妈拿钱，根本无心答理也一句话都听不进去，妈妈拿钱给她后，看着她说："你现在怎么这么瘦啊，多吃点营养的，生意太忙了吗？"余丽生怕自己毒瘾发作了，说着自己有事忙就赶紧走了。

可是这样的情况有几次之后，她的父母就感觉不对劲了，余丽做生意一直比较顺利，以前几乎没有过回家要钱，现在的她没几天就回来要钱，而且每次也不吃饭，也不怎么说话，表现非常异常。爸爸不让她走，一定要问清楚怎么个情况，可余丽什么都不说，执意要走。

她走了之后，她的爸爸来到她的工厂，惊诧地发现工厂早已不在，来到她的住处后发现她也不在，而且她住的地方一团乱糟糟，不像个正常生活的样子。余丽的爸爸吃了一惊，以前的余丽不是这样子的，她把自己的生活打理得还算井井有条，基本上不让父母操心。余丽的父亲感到很疑惑，好久没来到余丽住的地方看一看了，她最近那么反常，老两口都没有往其他方面想，他感到一阵晕眩，赶紧坐了下来，他想自己就这样一直等待余丽回来，看看她最近到底是在做什么。过了一会儿，余丽的爸爸接到了余妈妈打来的电话，对她说了这边的情况后，她也很快赶来了。余妈妈过来以后就想，不管怎样，先把家里收拾一下。老两口一起行动打扫了起来，没想到他们打扫的过程中发现了一包毒品。一切谜底都揭开了，他们的女儿吸毒了。

一直到晚上十点多，余丽跌跌撞撞地回来了。面对父母的质问，她坦承了一切。余丽告诉父母，自己也想戒毒，可是过不了心理上这一关，自己也很痛苦，可是已经难以自拔了。余丽痛苦地哭了起来："爸，妈，我对不起你们，你们这个年纪了还要为我操心，我也对不起璐璐，我不配做妈妈，我没脸见她。可是我管不了自己啊，你们不要管我了，就当没我这个女儿吧。"余丽的父母见此情况，商量后决定将余丽送进禁毒所进行强制戒毒。

我国《禁毒法》针对吸毒成瘾的不同情况，分别规定了自愿戒毒、社区戒毒和强制隔离戒毒。国家鼓励吸毒人员自愿到有戒毒治疗资质的医疗机构接受戒毒治疗；对吸毒成瘾人员，公安机关可以责令其在户籍所在地或者现居住地接受社区戒毒，负责社区戒毒工作的城市街道办事处、乡镇人民政府可以指定有关基层组织与吸毒人员签订社区戒毒协议，落实有针对性的社区戒毒措施；对于有拒绝接受社区戒毒，在社区戒毒期间吸食、注射毒品，严重违反社区戒毒协议，经社区戒毒、强制隔离戒毒后再次吸食、注射毒品等情形的吸毒成瘾人员，由公安机关决定予以强制隔离戒毒。余丽的情况虽然可以进行自愿戒毒和社区戒毒，可是她靠自己的意志力根本无法戒毒，所以家里商量将她送到戒毒所进行强制戒毒。余丽也深知如果不去戒毒所，自己还是会时不时地去跟那些“损友”在一起，戒了又吸，自暴自弃。

看到父母那难过的样子，她自己心里的痛苦无以复加，父亲感觉比以前老了十几岁似的，她想起了以前因为中学辍学跟父母闹的那一场风波，自己就是这样，总是不能让父母省心。她早已过了任性的年纪，再让父母为她操心真是感觉自己很不孝。她诚恳地对妈妈说自己也希望去戒毒所，远离这帮“损友”，她让爸妈放心，自己一定会挺过来，要成功戒毒。

余丽所在的戒毒所是全省唯一一个二级所，是级别最高的，管理比较规范，要求管教要和学员谈心，还安排他们每天进行康复劳动。这里环境也比较好，远离市区，山清水秀，这样能激起他们对美好生活的热爱。直接对余丽负责的管教民警是个很和善、关键时刻又有威严的人，大家都叫她黄警官，这么多年来她从事戒毒民警的工作总是踏踏实实，从不歧视戒毒人员，她的体贴和耐心教导让戒毒人员感受到春风般的温暖。

戒毒期间，余丽身体素质差，加之毒品戒断后的反应，余丽病倒了。戒毒所管教民警坚持每天到病室问寒问暖，给余丽送水送药，经常耐心地找余丽谈话，安慰她、劝解她。戒毒所的教导员还亲自下厨为余丽开小灶。黄警官无微不至的关心和入情入理的教育引导，矫治了余丽扭曲的心灵，让她重新扬起了生活的勇气和信心。渐渐地，余丽戒掉了身体上的毒瘾，心态也开始健康起来。

余丽说，在戒毒所里，她竟然胖了很多，脸色也好看了，最主要的是，心态好了。以前自己的心里有很多抱怨和不满，有一阵子甚至对生活都绝望了，但现在自己明白，世界也不是那么可怕，还有真情在，还有这么一群人在用心地挽救自己。所以她重新有了对美好生活的信心，想着一定要抛弃可怕的过去，开始过正常生活。

两年之后，余丽成功戒毒，经过评估可以离开戒毒所了。余丽离开戒毒所之前，眼含热泪，对管教民警黄警官深深地鞠了一躬，黄警官急忙把她扶起。“黄警官，让我叫你一声大姐吧，我真的很感谢这两年来你们对我的教育和付出。我现在成功戒毒了，我感到自己有了第二次的新生命，这次新生是你们给我的，你们真是我的恩人。我现在想的就是，出去之后，一定好好生活，离开那些损友，远离毒品，把失去的一切都找回来。”余丽说。黄警官很欣慰，她对余丽说：“回去好好生活吧，这些年你也受了好多苦，现在终于可以正常地生活了。我知道你这两年很想念你的女儿，有一次我看到你在对着她的照片流泪，可是你又觉得自己不敢面对女儿。快回去见见她吧，祝愿你幸福。”

余丽成功戒毒后，心里充满了感恩之情，几年来社会和戒毒所民警共同努力，用真诚和热情让她感受到了人间的温暖。她决定将这种温暖传递下去，所以去做了一年的禁毒志愿者，去向大家宣传毒品的危害，也要帮助更多的吸毒人员成功戒毒。《中华人民共和国禁毒法》第十条规定，国家鼓励志愿人员参与禁毒宣传教育和戒毒社会服务工作。地方各级人民政府应当对志愿人员进行指导、培训，并提供必要的工作条件。余丽这种回馈社会的志愿服务行为是值得赞赏的。

张琳在采访了余丽之后，为她曾经的那段苦难生活感到难过，为她现在走向幸福新生而高兴，她连夜加班把采访稿写好，在采访稿的结尾她这样写道：“三年来，为了帮助余丽戒毒，余丽的家庭、社会和戒毒所民警共同努力，用真诚和热情奏响了一曲社会和谐音符。毒品已经成为严重危害人民群众身心健康、影响社会治安稳定和社会主义现代化建设的重要因素。《禁毒法》的实施对预防和惩治毒品违法犯罪行为，保护公民身心健康，维护社会秩序，具有重要的作用。贯彻实施好《禁毒法》是全社会的共同责任。”

# 地狱到天堂的转身

时间：2012 年 11 月

地点：王军家中

人物：王军——吸毒人员

杨丽——王军的妻子

王军从小品学兼优，高中毕业后顺利进入重点大学，一直以来都是父母的骄傲、邻居效仿的对象。杨丽是王军的大学同学，大二时，两人成为男女朋友。两人常常一起憧憬毕业后要一起创业，一起经营公司，一起孝敬父母。

2000 年大学毕业后，杨丽跟随王军来到了王军的家乡汕头开始了两人的创业之路。在双方父母的帮助之下，两人创办了一家小型的物流公司，他们工作踏实努力，公司也慢慢步入了正轨。2003 年两人结婚，很快买了房也买了车。2004 年两人有了爱情的结晶，于是夫妻俩商量开始分工协作，王军主要负责公司的运营，杨丽则做全职太太，负责照顾儿子和家庭。有了妻子和儿子的支持，王军更加努力地工作，公司的规模越来越大，业绩越来越好，但随之而来的是应酬也越来越多。

2005 年初，王军和五六个朋友一起吃饭，商谈一笔生意，随后几人又去宾馆打麻将。期间一个朋友给了王军一根烟，问王军有没有胆量尝试一下。王军知道烟中含有海洛因，便挥手拒绝。但是朋友却嘲笑王军没胆量，连尝试一下都不敢，并且许诺王军如果抽了烟，两人立马就签合同。耐不住其他几人的煽风点火和可以签合同的诱惑，王军想一根烟应该不会怎样，便拿起烟抽了一口试了试，感觉只是味道和平时的香烟不一样，再也没什么，很快便把一根都抽完了。

随后合同是签了，但是王军也越来越想念抽烟时的快感，抽了几次后，王军看见别人抽就越来越想抽，不抽身体就会很难受。然而每次回到家中，看见妻子把家里照顾得井井有条，儿子在身边亲切地叫爸爸时，王军的罪恶感和愧疚感就越来越深，每次都暗下决心要把毒品戒掉，绝对不能让毒品毁了自己的生活。但是吸毒容易戒毒难，光有信心是不够的，要身体力行才行。有一次在陪儿子玩时，王军的毒瘾发作，害怕被妻子发觉，便谎称有工作要处理急忙离开。

每次都下决心要戒毒，再也不碰毒品，但每次毒瘾发作时又没办法控制自己，就这样日复一日，王军的毒瘾越来越厉害，发作的频率也越来越高。因为害怕家里人知道，王军每次都去宾馆里抽，回家的次数也越来越少，每次都谎称自己要加班、有应酬、工作很忙。

杨丽发现丈夫回家的次数越来越少，而且回家也是不停地抽烟，就提醒王军注意身体，生意适当就好，不用强求。但是王军却没有任何改变，而且随着吸毒时间的变长，最初的含有海洛因的烟已经不能满足王军的需求了。王军开始寻找其他的吸毒方式。就这样王军的支出也越来越多，他便谎称自己要谈生意，要请别人吃饭，从家里拿钱出去。但是长此以往，这些钱根本不足以支撑王军吸毒，于是王军便开始从公司的账上提款，这些钱也是有去无回。

杨丽觉察到丈夫不太对劲，于是煲了汤去公司看丈夫，但是秘书告诉杨丽王军已经两天没来公司了。杨丽看到公司的状况也不如王军说的那样好，工作人员都懒懒散散、无精打采的。杨丽问秘书王军干什么去了。秘书说王军最近总是自己提取公款，说是去谈生意，也没有带其他人，具体谈什么生意她也不知道。杨丽给王军打电话，王军说在应酬，杨丽指出王军不在公司的事实，王军说杨丽监视自己，于

是两人大吵了一架，杨丽生气地挂了电话。以前每次两人吵架，王军总会想办法和好，但是这次杨丽等了好久，王军都没有打电话给她。杨丽越想越委屈，又疑心丈夫有了第三者，于是想跟踪丈夫看看究竟。

酝酿了很久，而后有一天，王军告诉杨丽他有些工作还在处理，晚上不回家吃饭了。杨丽答应后将儿子送到爷爷奶奶家，在丈夫出门后悄悄跟上。后来杨丽看见丈夫进了一家宾馆，杨丽担心的事情终于发生了，在宾馆外等了数小时后，杨丽看见丈夫从宾馆出来，冲上前去质问丈夫。杨丽在宾馆外拉着王军大声哭喊，自己一心一意为这个家，王军为什么要这么做……王军看到妻子误会了自己，但又害怕妻子发现真相，于是默认自己有了第三者，并提出要和杨丽离婚。

杨丽自然不肯，两人从最初的什么都没有奋斗到现在的有房有车，儿子也在一天一天地长大，生活本来是越来越好的，为什么现在都变了。王军不想与妻子过多地谈论，甩开妻子就独自离开了。王军越来越害怕父母、妻子知道真相，与此同时，为了不连累妻子，不让儿子心中的爸爸的形象破坏，王军下定决心要和妻子离婚。

在和杨丽说了要离婚后，王军索性自己租了一套房子搬出去住。这样既方便自己吸毒，也告诉杨丽自己要离婚的决心。杨丽说王军如果要离婚，不但孩子要归自己，家里的一切都要归自己，否则她绝对不会离婚。本想吓唬一下王军，但杨丽打死也没想到王军是真的要和她离婚，她很不甘心，想看看到底是“谁”夺走了她的丈夫。王军的父母也前来劝说二人，但王军态度坚决，不肯退步，婚一定要离。任凭父母怎么打骂，王军都很坚定地要离婚。看着鬼迷心窍的儿子，父母失望地回家了，随他怎么折腾吧，一个好好的家就这么散了。为了避免碰见杨丽，王军聘请了律师来处理离婚事项，杨丽几次想见王军亲自面谈，但均被王军冷冷地拒绝了。

2008 年 5 月的一天，杨丽在公司门口等王军下班，想看看王军到底和谁在一起。杨丽远远看见王军瘦了很多，整个人也显得很没有精神。杨丽一路跟着王军到了租的房子。在王军进入家门后，杨丽跟上前去敲门，敲了很久王军才开门。杨丽冲进了房间，但是只有王军一人，屋子里有很浓的烟味，而且乱七八糟的。杨丽问王军在做什么，王军不回答，让杨丽快点走。杨丽看见几个月没见的丈夫的确瘦了很多，而且脸色很差。杨丽非常心疼，但是又感觉很不对劲，就说自己不走，除非王军告诉自己到底怎么了。王军感觉毒瘾又要发作了，害怕妻子看见，就骂杨丽，让她快点走。看见杨丽不肯走，就将她往门外推，拉扯中杨丽看见了王军胳膊上的针口。杨丽一下子呆住了，她大声地问王军："这是怎么回事？你说啊。"王军说："我的事你就别管了！"杨丽想想满房子的烟加之王军胳膊上的针口和他所有的症状，就问王军该不会是染上毒品了吧。王军看见妻子识破了真相，边否认边推妻子出门，但是毒瘾使他越来越不能控制自己，身体开始慢慢抽搐起来。最后实在忍不住的王军不管杨丽在一旁，拿出针管开始给自己注射。

杨丽被面前的一切吓呆了，一边哭着一边拉着丈夫喊不要打、不要打。看着不断抽搐的丈夫在注射完后慢慢恢复平静，杨丽抱着丈夫大哭。王军看着妻子说现在你都知道了，自己已经完了，不想耽误她，让她好好照顾儿子，两人离婚吧。

杨丽哭着说一定有办法的，她愿意帮助王军一起戒毒。王军说没有用的，他也想戒毒，但是做不到。杨丽说不试试怎么知道不行，杨丽劝王军去戒毒所戒毒。王军不肯，去了戒毒所，父母、邻里就会知道，王军不想让父母担心，他觉得这是很丢人的事情，难以启齿，而且去了戒毒所公司就没办法再经营了。杨丽说她一定会陪着王军的，只要他能下定决心。两人商量了很久，决定将儿子送到父母家，杨丽陪王军在家戒毒。

杨丽从网上、书上查找了多种戒毒的方法，王军也下定决心这次

一定要成功。但是过程似乎不是那么容易。刚开始王军只是会出现打哈欠、流鼻涕、流眼泪、出汗、呕吐这些比较轻微的症状，但是随着毒瘾的逐渐发作，王军时常会出现撞墙、摔东西、自残等行为。为了防止自己自残，毒瘾发作时，王军让杨丽把自己绑住、锁在房间里。本以为只要有信心离开毒品就一定能够戒毒成功，但是看到丈夫毒瘾发作时的痛不欲生，杨丽不知该怎么办，想在丈夫身边安慰丈夫，但是总会被王军打伤，并且王军忍不住时会央求杨丽让自己尝试最后一次。杨丽常常会不忍心想给丈夫一点，但是又害怕这样会毁了先前的努力。

看着日渐消瘦的丈夫，杨丽咨询了数位专家后，专家都建议让王军前往戒毒所接受系统的戒毒治疗，自己在家戒毒有时不会成功反而会有生命危险。于是杨丽回家劝说王军："我们不必在乎别人的眼光，能把毒瘾真正地戒掉才是最重要的。公司没有了还可以重新再来。而且这样下去父母肯定会知道的，不如告诉他们，去戒毒所彻底戒毒。"

当两人把王军吸毒的事告诉王军的父母时，王军的父亲怒吼自己没有这样的儿子，拿起笤帚就要打王军。杨丽拦住父亲说："爸爸，您原谅王军吧，他已经知道错了，现在最重要的是戒毒呀。"母亲看着眼前骨瘦如柴的儿子，怎么也不敢相信这是事实，抱着王军痛哭流涕，不断地说怎么会这样、怎样会这样，哭着哭着就昏了过去。一家人赶紧将母亲送到医院，还好母亲没有事。

王军父母的情绪慢慢平稳后，虽然责怪王军怎么会走上吸毒的这条路，但还是希望王军能去戒毒所将毒瘾戒掉。就这样，王军在家人的陪伴下来到了戒毒康复中心。戒毒康复中心工作人员为王军制定了专门的戒毒治疗计划。初到戒毒中心，王军除了回答必要的问题，几乎不和任何人说话。面对医生的体质监测、戒毒治疗，王军都是尽量配合，除此之外，基本上是无声以对。或许相比较其他人而言，王军是重点大学毕业的学生，从小都是父母的骄傲，是邻里羡慕的对象，原本一辈子都不会与毒品有任何联系，但是现在却要努力去戒毒。同时，现在而立之年的他，本来应该是奋斗孝顺父母，努力为家人创造良好生活，努力当儿子心中的英雄的人，现在一切都因为吸毒而毁了。王军心中的自卑感很强，觉得其他人都在嘲笑自己，看不起自己。虽然在戒毒上王军非常努力，毒瘾发作时尽量地忍耐，积极配合一切的戒毒活动。但是心里对于吸毒这个坎似乎怎么也过不去。

细心又体贴的杨丽在得知情况后，经常来看望王军，每次都陪伴着他，同他聊天，她希望能用家人的鼓励温暖王军的心，让他更有动力戒毒。“你记得以前在学校的时候，你打了饭总是把肉留给我，我坚持要你吃，咱们俩还在食堂里争执了起来。那时候生活虽然清苦了些，可是心里总感觉甜蜜满满。那时候最喜欢去看你打篮球，帅气的你在球场上挥汗如雨，你每进一个球我就会为你欢呼，感觉坐在场边等你多长时间都不会枯燥。毕业前，你有了创业的打算，别人都对你说创业太难，劝你打消这个念头，可是我支持你，我知道你有多少能量，知道你是个有才干又踏实勤奋的人，我相信你对你想做的事一定会做到成功。”听着妻子温柔的话语，默默不语的王军眼眶湿润了，有这样一位贤惠的妻子在他这种状况下还对他不离不弃，他是多么得幸运啊，他对自己说，一定要努力戒毒，找到曾经的那个自信又勤奋的自己，要对得起老婆和孩子呀！

在王军状态良好的时候，杨丽会带着儿子来看望他，告诉他家人没有放弃他，他也一定不可以放弃自己。杨丽和王军的父母也经常会来戒毒中心和王军交流。杨丽告诉王军虽然公司垮了，把以前的房子卖了，买了更小一点的房子，但是没有关系，他们可以从头再来，只要王军能够成功戒毒，一切都有机会。父母告诉王军不要在乎别人的眼光，他人如何评论就随他人去，只要他能成功戒毒，一切都值得。

父母只有他一个儿子，他一定要好好生活，面子没有那么重要。

就这样，在戒毒中心的治疗和家人的帮助下，王军对于毒品的依赖感越来越小，状态也越来越好，身体也慢慢胖了起来，话语也多了起来。而后王军也主动地和公安机关联系，告知其经常买毒品的人和地点，帮助公安机关侦破贩毒案件。2010 年 7 月，王军成功戒毒，离开了戒毒所。并且为了使更多的人能够有信心戒毒，王军在工作之余前往戒毒中心开始做志愿者。他希望通过自己的切身体验，帮助更多的人回归正常生活。

如今王军已经成功戒毒两年多，提到吸毒这件事也淡然了很多。他说自己再也不想碰毒品了，毒品差点毁了他的生活，他要和毒品一辈子说再也不见。但是王军又说自己是幸运的，很多人因为吸毒而家破人亡，妻离子散，相比较而言，自己现在已经很幸福了。

他要感谢他的妻子和家人，如果不是他们的支持，他不一定能够成功戒毒，是家人的力量让他没有放弃自己，让他没有在一条错误的路上越走越远。王军说虽然他事业没有了，一切都要重新再来，但他很感谢现在的一切。他更加知道什么该做什么不该做了，要懂得抵制诱惑，约束自己的行为。同时也要谨慎地结交朋友，知道什么样的朋友该交，什么样的朋友不该交。成年人要有更强的自控力才行。其次王军说自己现在开的公司虽然规模小了很多，但他相信他能把它再次经营起来，并且经营得更好。

同时他还招聘那些成功戒毒的人来他的公司上班。因为他知道可能吸毒这件事情在记入档案后，很多人在求职的路上会遇到很多歧视，他希望能通过自己的一己之力给大家一个平台，公平、平等地看待他们，让大家能够重新获得生活的勇气，防止很多吸毒人员因为得不到社会的认可而再次复吸。王军提到虽然吸毒这件事情是他人生不可抹灭的一笔，但他现在懂得，吸毒这件事情或许会使很多人看不起自己，但是自己能战胜毒瘾，把毒戒了，别人也会佩服。自己犯了一个错误，勇敢改正就能获得尊重。最后他说，为了儿子，他要做儿子心中的好爸爸，儿子的榜样，所以他要知错就改。为了妻子，他要做一个好丈夫，谢谢妻子的不离不弃。为了父母，他要做一个好儿子，成为能够照顾父母的可靠人。现在的王军虽然房子、车子没有以前的好，但是因为这件事情，他也更加感恩、更加努力，更加热爱生活。

妻子杨丽也说虽然初次得知丈夫吸毒时，很震惊、很无措。但是作为家庭的一分子，她自己也有责任。同时，她相信丈夫一定能戒毒成功，而家人肯定就是戒毒成功的钥匙。所以她愿意做出牺牲，不离不弃地陪伴丈夫。现在他们的生活平淡而温馨，她相信丈夫会更爱这个家。同时她也想告诉吸毒人员的家属，别因为这一个错误而放弃他们，此时的他们更需要家人的谅解和支持，家人平等的眼光是他们能够成功戒毒的动力。

11 月的汕头天气已经逐渐变冷，但是王军和他的家人心中却是越来越温暖，相信在此次挫折之后，他们的生活一定会越来越好。

# 不易的重生

时间：2012 年 7 月

地点：女子监狱

人物：李芳——吸毒人员

张辉——吸毒人员，同时介绍李芳吸毒

赵霞——李芳的母亲

李芳 1979 年出生在贵州一个普通而温馨的家庭，父亲是一名公务员，母亲则在一家银行工作。因为李芳是家中的独女，所以从小就被父母视为掌上明珠，有什么要求父母都尽量满足。同时父母对李芳的家教很严，因此李芳从小就很乖巧，基本没有做过什么让父母担心的事情。1998 年，由于高考失利，李芳没能考上父母一直要求的重点大学。赌气之下，好强的李芳不顾父母的反对上了一所外省的大专学校。大学期间，李芳刻苦努力，每年都能获得奖学金；同时她也积极参与各种社会实践活动，想要大学毕业后，凭借自己的能力过上好生活，能够向父母证明自己。

毕业后，自尊心很强的李芳拒绝了父母帮忙安排工作的建议，自己到当地的一家运输公司工作。因为李芳处事机灵，业务能力强，工作成绩突出，不久就从前台被提升为业务员。她的收入也由最初的几百元上升为数千元，两三年时间，她就有了数万元的存款。为了能赚到更多的钱，李芳更加积极工作，一些路途比较遥远，其他人都嫌累不愿意去的地方，李芳都申请前往。就这样，在跑运输期间，李芳交往了一个她一生都不愿意再提及的人——张辉。

因为李芳总是和张辉搭档跑运输，时间一久，二人便成为了男女朋友。有一天晚上醒来，李芳见张辉用烟盒里的锡纸，烧一些白色的粉末，并进行吸食，当时她并不知道张辉在做什么。张辉用锡纸卷了一支烟递给李芳让她吸，并说“吸了晚上跑运输就不会困了，会很精神”。李芳从张辉的眼神中感到这烟可能是毒品，便说自己不吸。但是张辉说没关系，吸一下不会怎样，他就常常吸一点，现在不是依旧好好的，而且吸的时候感觉会很爽。听了张辉的劝说，出于好奇李芳便吸了一口。一种轻飘飘的感觉涌遍全身，她又接连吸了好几口。事后，李芳才知道那天她吸食的果真是毒品，她很害怕，怕自己从此离不开毒品了。在家待了几天不敢上班，过了几天，李芳见自己也没有什么异常发生，就想少吸几口，只要自己有毅力，是不会上瘾的，张辉不是也没事嘛。

后来在跑运输中，李芳每次都和张辉一起吸食毒品。几个月后李芳上瘾了，吸食毒品的次数和数量也越来越多，不吸心里就堵得慌。李芳开始逐渐控制不了自己，就主动向张辉要，刚开始只要她要，张辉必定会给。但是渐渐地张辉有些不耐烦了，就说这东西很贵，都是他买的，李芳要的话，就要和他一起买。李芳这才知道，张辉利用跑运输，也在进行贩毒。一方面她想以后不再吸了，要把毒瘾给戒了；但是另一方面又忍受不了不吸的难受，李芳逐渐开始通过张辉买毒品，就这样，自己几年攒的钱也慢慢花光了。李芳逐渐明白张辉是因为看见自己有钱，才鼓励自己尝试吸毒的，自己只不过是他的一个顾客而已。虽然如此，李芳却没办法使自己不想毒品。

李芳不敢告诉父母，为了筹集毒资，李芳开始向身边的朋友借钱。但是借钱不是长久之计，在李芳没办法还钱后，朋友也都不肯再借钱给她。而且朋友逐渐知道李芳吸毒的事情，都躲着她，害怕李芳给自

己带来麻烦；其他人看见她也会指指点点，说三道四。吸毒让过去貌美如花的李芳变得萎靡不振，整天无精打采的。公司的活动李芳也不再积极参加，那个开朗向上的李芳慢慢不见了。同时李芳一心想着吸毒，心思也不在工作上，业绩逐渐下降。老板在得知李芳吸毒后，毫不犹豫地把她辞退了。没有了收入，李芳连基本的生活都成了难题。

李芳不敢回家，又没有地方可以去。毒瘾犯了的时候，感觉就像上万只蚂蚁在心头乱爬一样，难受极了。实在没有办法，李芳找到张辉，央求张辉给自己一些，并说张辉让她干什么她就干什么，只要让她吸一口。张辉告诉李芳，贩毒是一个好生意，不但想吸的时候可以吸，而且能赚到很多钱。李芳知道贩毒是犯法的，但是她又没法用其他方法弄到毒品，就这样，李芳在错误的路上越走越远。为了保证自己有毒品吸食，李芳开始和张辉一起贩毒。不敢在本地交易，李芳只能和张辉前往几百公里外交易，每次都是晚上秘密地在宾馆交易，一交易成功就赶紧离开。除了贩毒，李芳几乎不敢见其他任何人，李芳感觉似乎每个人都能看穿她的秘密。李芳更害怕碰见熟人，害怕别人把她的情况告诉父母，害怕父母知道自己已坠入深渊。原本那个自信乐观的李芳已不复存在。

在一次交易时，李芳碰见了和自己年纪相仿的一个女孩，对方脸呈紫灰色，额骨凸起，面部表情憔悴黯然。女孩皮包骨的胳膊上一条条紫色的血管像从血污里爬出的蚯蚓，两条小腿同样布满紫色的“蚯蚓”。李芳害怕自己有一天也会变成这样，更害怕自己因为过度吸毒而猝死。就这样，每天担惊受怕，害怕因为贩毒被抓，但也害怕自己没有毒品忍受不了身体的疼痛。李芳每天在戒与不戒中徘徊，自己的毒瘾却有增无减。

因为担心父母发现，李芳总是打电话说自己现在工作很忙、需要出差，要过一段时间才能回家看望他们。一次偶然的机会，李芳的母亲赵霞来看望独自生活的女儿，但是并没有在住处找到她，于是到李芳所在的公司去询问李芳的情况。得知李芳因为吸毒被辞退的消息后，赵霞惊呆了，怎么也不敢相信这是真的。辗转找到李芳，看到骨瘦如柴的女儿，赵霞抱着女儿撕心裂肺地痛哭。为了帮助李芳戒毒，母亲劝说她回家，并且请了长假留在家里陪伴她戒毒。

因为李芳吸毒已经很久，毒瘾发作时难受得要命，所以她总是趁母亲不注意时，偷偷跑出去和吸毒者混在一起。刚开始李芳总是偷父母的钱出去买毒品，后来父母将钱收起来，没有现金后，她便拿家里的贵重东西出去卖了买毒品。为了防止李芳跑出去找其他吸毒者，父亲将她锁在家里，但是毒瘾发作的女儿眼中只有毒品，其他什么都不在乎。得不到毒品时，李芳就不停地骂父母，抑或是不停地拿头撞墙，撕心裂肺地喊叫。同时，李芳发现自己怀孕了，现在的李芳，连自己都没办法照顾，更何况是照顾一个孩子。担心小孩因为自己吸毒会有健康状况，再加之自己的现状根本没有办法抚养孩子，李芳只能和母亲去了医院做了人流手术。

几个月下来，李芳总是处于戒了吸、吸了戒的状态，再加上人流手术，折腾来折腾去，体重也仅有35公斤。原本让人骄傲的女儿，现在居然成了让人指指点点的对象，父母在众人面前已经无地自容，强忍内心巨大的悲伤每天上下班，躲避着人们异样的目光，回家后足不出户，家庭欢乐和愉悦的气氛没有了，阴沉和窒闷的气息充斥着家里的每个角落。父亲看着李芳，觉得女儿太不争气了，让人太失望，便不再管她了，和李芳断绝关系，让她自生自灭，并劝母亲放弃李芳，不要再管她了。看着被毒品折磨的没有人样的女儿，李芳的母亲不忍心就这么算了。虽然觉得女儿不争气，但是又不甘心放弃女儿，母亲时常抱着李芳以泪洗面。

2006年6月，李芳毒瘾再次发作，不想再连累父母，李芳割破自

己的手腕企图自杀。父母发现后急忙将她送往医院。李芳不想再连累父母，让他们担惊受怕，想尽快结束自己的生命，虽然抢救了过来，但是李芳没有生存的意志，并不配合治疗。她开始绝食，除了每天的液体注射以外，基本上滴水不进。看着虚弱的女儿，赵霞不知该如何是好，她痛哭着对李芳说："小芳，你不要放弃自己好不好。有很多人都戒毒成功了，所以我们也一定可以的，有什么困难我们一起面对，你不要放弃好不好。如果你真的走了，你要妈妈怎么活下去！"

看着因为自己而消瘦不堪的母亲，和虽然与自己断绝关系但又不忍心不管自己的父亲。李芳心中充满了愧疚，慢慢地开始进食。赵霞也始终如一地陪在李芳身边，四处打听戒毒方法。一听到有好的方法便立马试试。在很长的一段时间内，李芳尝试了数不清的戒毒药。当时只要市场上有的戒毒药，李芳几乎都吃过。吃过药后，短时间里能让她忘掉毒品，但药力一过，毒瘾又不可抑制地上来了，李芳整天就在这种痛苦的煎熬中挣扎。原本殷实的家庭，因为李芳吸毒而变得拮据起来，为了能够帮助李芳戒毒，有钱买各种戒毒药，父母开始节衣缩食，减少一切开支。

2007 年 3 月，张辉因为贩毒被抓，交代了李芳帮自己贩毒和吸毒的事情。公安人员随后找到李芳，将其送入强制戒毒所进行戒毒。赵霞担心李芳适应不了戒毒所的生活，但是李芳说她想明白了，为了父母，她一定要把毒品戒掉，她要重新开始生活。

初到戒毒所，看到很多吸毒人员毒瘾发作时，用头撞墙，撕心裂肺般喊叫，李芳很害怕，心中充满了恐惧。她很担心自己没办法成功戒毒，自己没有那么强大的意志力，就算一段时间能够成功，但过后还是会复吸。民警多次和李芳聊天，对其进行说服教育，并且为李芳制定了治疗计划，李芳也慢慢下定决心要彻底戒掉。说起来容易做起来难，每当毒瘾发作时，李芳痛得在床上直打滚，但想到母亲为自己痛哭流涕，李芳想如果不坚持的话，所有前面的努力就都白费了。她一定要成功戒毒，出去请求父母的原谅，好好地照顾父母。就这样两个月后，李芳的毒瘾发作次数越来越少，发作时身上的疼痛也减轻了很多。

因为参与了贩毒，根据《刑法》第三百四十七条规定，走私、贩卖、运输、制造毒品，无论数量多少，都应当追究刑事责任，予以刑事处罚。所以李芳随后被送进了女子监狱开始了服刑之路。虽然李芳已经强制戒毒了两个月，毒瘾处于抑制期，但是难免也有发作的时候。忍不住的时候，她就用冷水洗脸，看着自己手腕上的伤疤，想想父母的不容易，一遍一遍地告诉自己要清醒，一定要忍住。慢慢地，李芳开始淡忘了毒品，专心于手边的工作，食欲渐渐好了起来，气色也渐渐好了起来，不知不觉中竟胖了十来斤。

为了能够早日出去陪伴父母，李芳不仅坦白自己参与贩毒的一切活动，同时也向警方告知自己知道的其他贩毒者的一切活动，帮助公安人员抓获其他贩毒者。在服刑期间，李芳努力勤快，分配给自己的工作量总是超标完成，争取多次减刑，能够早日出去。

李芳觉得虽然现在是在服刑，但是比起吸毒的日子，她充实了许多。她会和其他狱友相互鼓励，相互打气，争取早日离开监狱。李芳也积极和其他狱友参加监狱中的活动，比如跳绳、踢毽子、打乒乓球等等；每逢过年，监狱举行文艺晚会时，李芳也积极提出谋划策，热情参与。母亲也时常来探望李芳，给她带来许多自己做的食物。母亲告诉李芳，虽然父亲没来看她，但他也在盼望着李芳能够早日出狱回家，父母会一直等着她。李芳慢慢找回了自信、变得积极向上。

笑容慢慢回到了李芳的脸上。回想前几年自己的生活，李芳说真的是不知白天黑夜。除了贩毒，她不敢出门，不敢去散步、不敢去逛街。因为不敢在当地买卖毒品，她不得不经常跑到几百公里外去交易，每

次都是偷偷在宾馆成交后，马上返回，生怕被发现。一次又一次，她活着的目的好像就是为了毒品而奔波。除了张辉和其他吸毒者，她不敢接触其他人，害怕被别人发现自己的异常，抵触和其他人讲话。自己以前是个爱美的女孩，但是吸毒后，夏天不敢穿短袖，更不敢穿裙子。别人和父母、朋友出去玩时，自己却在黑暗中吸毒，真的是生不如死。那几年，真的一点意思都没有。

提到张辉，李芳说她再也不想看见他，她恨他毁了自己的生活。她再也不想与毒品有任何的牵连。戒毒后，也不要再和以前吸毒圈子的人接触，否则又会陷进去。“一次吸毒、终生戒毒”，毒品的可怕正在于它作用于人的精神、神经系统，使吸毒者产生强大的依赖性，就像掉进了无底的深渊。她之所以之前没有戒毒成功，就是因为总是戒了吸、吸了戒，现在好不容易戒了，她再也不想触碰毒品了。如果不是因为吸毒，她就不会走上贩毒的道路，不仅害了更多的人，也埋葬了自己的青春。女孩生命中最美的光景，她却要在监狱中度过，所以她要和过去真正地一刀两断。

现在，李芳很担心出狱后的生活，害怕父亲不会原谅她，害怕邻里的眼光，害怕社会的歧视。但是她更想像一个正常人一样地生活，所以她必须坚强起来。李芳说自己以前是个很自信的人，现在，她要找回自己的那种感觉，找到自己在社会中的准确位置。她希望能够像其他女儿一样，照顾父母，能够在饭后陪父母散散步、聊聊天；希望能够像其他女孩一样，收获自己的爱情，能够有一个温暖的家庭；希望能够像其他妈妈一样，拥有自己的宝宝，听着宝宝喊妈妈，陪伴宝宝健康成长，告诉他是非对错。这些对于正常人来说平凡的生活状态，却成了李芳现在最奢侈的梦想。

重生来的不容易，李芳说自己一定要坚持下去，不轻易放弃自己，不再让自己沦落。

# 缉毒干警刘向前，铁骨铮铮耀真情

时间：2010 年 8 月

地点：公安局禁毒大队

人物：刘向前——云南省某市某县的一名公安干警

杨　宁——刘向前的妻子，一名人民教师

美　兰——刘向前的女儿

林　涛——与刘向前一起执行缉毒任务的缉毒民警

刘向前同志是云南省某市某县的一名公安干警。他从 1996 年 6 月起参加公安工作，历任所在公安局缉毒队侦查员、禁毒大队侦查中队中队长，大队长。现在就让我们来了解一下这位光荣的公安干警的光辉事迹吧。

刚进缉毒队时，刘向前还是个年轻的小伙子，他每天总是笑呵呵，为人很真诚，可是工作起来又非常认真。他早晨总是第一个来到办公室，为办公室里的每一个人打好热水，把办公室打扫得干干净净。他谦虚好学，为尽快熟悉业务和掌握查缉技术，跟随老同志一起出缉毒任务的时候，他为老同志的查缉技术所叹服，不放过每一个细节，从中总结规律。每一起毒品案件侦破后，他都认真分析，从中总结经验教训，掌握新的贩毒线索和动向，寻找应对方法，很快便成为队里的业务骨干。

工作之余，刘向前非常注重锻炼身体，他有时间的话每周都会去打篮球，“生命在于运动，做我们这行的需要有一个好身体，要多多

锻炼”，他经常对同事们这样说，并带领局里热爱篮球运动的同事组成了一个篮球队。他从年轻时起还一直坚持学习武术，缉毒队里大家都知道他有一副好身手。他过硬的侦破能力和敏捷的好身手使毒贩深深惧怕这个铁面无私的缉毒民警。

是的，他真真是个铁面无私的好干警。有一年过年期间，他听说自己的一个远房亲戚居然在悄悄地种植罂粟。他听了很震惊，自己十几年如一日地从事着禁毒工作，为的就是能扫除毒害，保障人民群众的身体健康。可自己的亲戚居然在悄悄地种植国家禁止种植的毒品原植物，做着这种自己获益却危害百姓的事情，这是为法律所不容忍的，也是他职务所在不能袖手旁观的。

《中华人民共和国禁毒法》第十九条规定：“国家对麻醉药品药用原植物种植实行管制。禁止非法种植罂粟、古柯植物、大麻植物以及国家规定管制的可以用于提炼加工毒品的其他原植物。禁止走私或者非法买卖、运输、携带、持有未经灭活的毒品原植物种子或者幼苗。地方各级人民政府发现非法种植毒品原植物的，应当立即采取措施予以制止、铲除。村民委员会、居民委员会发现非法种植毒品原植物的，应当及时予以制止、铲除，并向当地公安机关报告。”第五十九条规定了相关的法律责任，“有下列行为之一，构成犯罪的，依法追究刑事责任；尚不构成犯罪的，依法给予治安管理处罚：（一）走私、贩卖、运输、制造毒品的；（二）非法持有毒品的；（三）非法种植毒品原植物的……”

种植罂粟的亲戚听说刘向前要依法办事之后，非常着急，他带着礼品以及一些钱来找刘警官，希望他能通融一下。他对刘向前说：“我以前真是为钱昏了头，做出这种违反法律规定的事情。向前你就念在咱们亲戚的情分上放我一马吧，我以后保证绝不会再做这种丧良心的事情，我真的知道自己错了。”刘向前诚恳地对他说：“你如果遵纪守法，那谁也不会让你承担法律责任。可你明知国家不让种植罂粟还顶风作案，我在这个职位上就得依照法律规定办事，不能因为咱们是亲戚就有不一样的对待方式，那其他人听说了之后怎么能相信法律，相信公安机关。我希望这次的教训能给你警醒。你把东西都带回去吧，我不能收。”

为了向群众讲解毒品的危害和宣传国家的法律法规，刘向前不辞辛苦，走遍了辖区的村村寨寨、山山水水、田间地头，被群众称为“贴心人”。1998 年的一天晚上，刘向前和另一位民警完成缉查任务后，骑摩托回来途中，看到一位 60 多岁的老人在山路上艰难地行走，他想到老人这么晚了一个人在山上走不安全，便让战友下车等候，自己先把老人送回家后才去接战友。老人逢人便夸刘向前。还有一次，刘向前从边境办案返回途中，看到一个妇女背着孩子冒雨在泥泞的山路上行走，刘向前立即停下车，将这位妇女和孩子送到了十多公里外的家中。正是因为刘向前心系群众，亲民爱民，一心一意为群众办好事、实事，从而与群众建立了良好的警民关系，打下了坚实的群众基础。

刘向前的“爱岗”人所共知，他的“敬业”精神也是有口皆碑。他所在的县山多，地形陡峭，每一条通向外界的山路、水路都会被贩毒分子利用。为掌握地形，有效进行堵截，稳、准、狠地打击贩毒活动，刘向前利用深入村寨开展禁毒宣传的机会，跑遍了县内的山山水水，每座山、每条小路，每条河流的情况他都了如指掌，甚至这些山路、水路上，哪里可以设卡，哪里利于伏击，哪里可以涉渡，他都能准确无误地标注出来，简直是当地的“活地图”。禁毒部门里有人说他记忆力好，其实这主要是归因于他的不辞劳苦的调查研究。

刘向前工作太忙碌了，有时候他觉得有些愧对家人。还记得女儿小美兰九岁的时候，学校里布置要写一篇去动物园看小动物的作文。刘向前回家后，听到女儿说了这篇作文要求后，一向非常看重女儿学

习的他满口答应女儿周末要带她去动物园，女儿高兴坏了，因为以前总是妈妈带她出去玩，爸爸总是很忙碌，她是多么希望像其他同龄孩子那样和爸爸妈妈一起出去玩啊。可周末到了，刘向前接到紧急任务，周末要奔赴缉毒前线，不能陪伴她了，他耐心地向孩子解释，承诺这次回来后一定带女儿去动物园，女儿虽然满心委屈，但还是理解了爸爸。后来因为任务的需要，他不得不连续爽约了三次，小美兰真的生气了，她晚上没有吃饭，对妈妈说以后都不理爸爸了。刘向前回家后，美兰把头扭向墙壁，不理会爸爸对她亲热的打招呼，刘向前从口袋里拿出美兰最爱吃的牛奶糖，哄了她好一会儿才破涕为笑。刘向前的母亲听说了这件事后，对刘向前说："你看看你陪家人的时间多么少，整天不着家，还让一家人为你担心，你什么时候考虑换工作的事情。"老人家并不是因为这一件小事就反对他继续从事缉毒工作，她实在是为刘向前担心了十几年，每次他有任务出去的时候，父母亲的心就紧绷着，他们总是在家里祈祷儿子的平安，晚上都睡不好觉。刘向前知道父母、妻儿对他是爱之深，忧之切，但他又确实割舍不下自己将之视为生命的禁毒工作，他为此非常苦闷。他对父母说："我知道你们担心我，让你们二老还有杨宁为我担心，我真的又心疼又不忍心。可是看到那些被毒品害得家破人亡的家庭，我的心里就不是滋味，我也知道禁毒工作危险，随时都会遇到不测，但是我们在边疆多缉一克毒，内地就会减少十分害，再危险也要有人去做。"看到父母两鬓的白发，他也真的很不忍心，答应家人再过几年就请求调换岗位。

其实领导们也早已考虑到了这一点。这几年来局领导也考虑到他干禁毒时间长了，打算给他调换一下工作岗位，领导找他做工作时，他坚持不肯调换，真诚而又风趣地对领导说："我真的很喜欢禁毒这个工作，再说我干禁毒时间长了，也积累了一些经验和方法，换到其他岗位去，岂不是'资源浪费'吗？" 12 年来，禁毒大队人员换了一茬又一茬，他成了所在公安局禁毒大队里唯一的“元老”，刘向前从没有把自己的荣辱安危放在心上，对禁毒工作有着坚定的信念，他忠诚于岗位和工作的这种精神让人钦佩不已。

父亲六十岁生日的时候，家里人提前一个周就跟刘向前说好，那天按时回来一家人一起好好给老爷子过个生日。刘向前还去一家当地很有口碑的蛋糕店定了一个大大的生日蛋糕，他跟父亲说好，到时要好好陪父亲喝几杯。生日这天到了，杨宁早早地准备好了一桌子菜，小美兰高兴地蹦蹦跳跳：“爷爷过生日喽，爷爷过生日喽，爷爷你想要我送你什么生日礼物呀？”爷爷高兴地说：“你呀在学校好好学习，期末考试考个好成绩就是给我的生日礼物了。”“你放心吧，爷爷，我期末考试一定能考个好成绩！最近我们老师又夸奖我了呢，还拿着我的作文当做范文在全班读了，说我写得好。”美兰对爷爷说，爷爷高兴地哈哈笑起来。杨宁说：“美兰，给爷爷捶捶背。唉，爸，向前他怎么还不回来啊，这饭都做好了。我给他打个电话。”可是杨宁给刘向前打电话却没有打通。杨宁说：“肯定又是去执行任务了。”果不其然，到六点半的时候，杨宁的电话响了，是刘向前打来的：“今天有紧急任务，不能按时回去吃饭了，你们别等我，先吃吧。我正在忙，先挂了，跟爸爸说生日快乐！”杨宁虽然不情愿，可是这样的情况已经不是一次两次了，工作对他来说总是那么重要。她对刘老爷子说：“爸，向前又在执行任务，我们先吃吧。”一家人就这样简单吃了个生日饭。

2001 年 11 月的一天，刘向前和同事林涛接到命令说，最近可能会有几个毒贩经过澜沧江上的大桥，两人奉命在在澜沧江上的漭街渡大桥上布控查缉。他们在桥头设伏了几天几夜，始终不见毒贩出现，已经十分疲乏。但刘向前仍然警惕地注视着过往行人不轻易放过任何一个可疑人，当两名形迹可疑的人出现在桥头时，刘向前一个箭步先

冲出去，亮明身份后就朝走在前面的人扑上去。不出刘向前所料，果然是毒贩。毒贩见状欲将毒品丢入澜沧江逃跑，但他哪里是缉毒英雄的对手，还来不及转身就被刘向前压在地上，刘向前迅速掏出手铐将毒贩铐在桥栏上。与此同时，林涛也抓住了已经跑逃到桥头边的另一名毒贩，并用手铐将毒贩的一只手和自己的一只手铐在一起。毒贩见罪行败露，便想同归于尽，乘林涛不备，纵身就往澜沧江里跳。林涛情急中抓住了江边的一棵树，毒贩拼命往下拖林涛，情况万分危急。刘向前听到林涛的喊声后，不顾自己也有被拖下去的危险，飞身扑了上去，抓住林涛的手，奋力将林涛和毒贩拉了上来。说起这次遇险，林涛至今仍心有余悸：“要不是向前及时赶来救我，我早就葬身于澜沧江中了！”

让刘向前家人以及全局警察难以忘记的是2010年5月的一天，刘向前与缉毒警察李成康一起驱车外出执行公务，当两人行驶至一个人烟较为稀少的山路时，两个丧心病狂的毒贩开着一辆车从对面飞奔而来，撞上了刘向前所在的车。毒贩的车冲下了山崖，人车俱毁。刘向前与李成康二人浑身多处受伤，血肉模糊，昏迷不醒。接到电话的时候，杨宁正在给学生们上课，听到刘向前受伤的消息，她的眼泪夺眶而出，来不及也不敢问到底伤得怎么样，她告诉同学们自己有急事，让大家先自习。她就忐忑不安地一路祈祷着拦下一辆出租车来到了医院。经医生初步诊断，李成康一条腿需要截肢，而刘向前除了身上多处受伤之外，头部受到重创，需要赶紧做手术。

医生对杨宁和局领导说：“最关键的这几天，如果他苏醒过来那就是挺过去了，如果一直昏迷不醒有可能……”医生也不忍心说下去了，他心里也对这位方圆百里闻名的缉毒警察充满着敬意啊。“医生，到底有可能怎样，告诉我们，好让我们有准备。我能挺得住。”坚强的杨宁强忍心中的悲痛对医生说。“有可能成为植物人……但我相信我们的缉毒英雄能挺过！以前也有过这样的先例。”医生对大家说。局里的各位领导以及与刘向前一起奋战过的各位警察们纷纷来看望刘向前，大家对这位诚恳热心又业务精湛的缉毒英雄充满着敬意和深深的感情，对那两个丧心病狂的毒贩充满了愤恨，大家都希望刘向前能像在工作中那样英勇地不惧困难快点好起来。

“向前，放松点。你放松点才会好起来，才能吃饭，才能去做你喜欢的工作。咱们的孩子需要你，咱们这个家也需要你，你忍心让爸爸妈妈难过吗。我会永远陪在你的身边，只要你醒来对我就是莫大的安慰，你在你的工作岗位上那么勇敢，你一定会醒过来的是吗。向前，等你好了以后我给你做你最爱吃的辣子鸡，红烧排骨，你想吃什么我都给你做好吗。”杨宁不分昼夜，每天都守护在丈夫身旁，精心照料，有时候她会轻轻地跟他说话，有时候她只是默默地看着向前，她希望能给向前安慰和力量。她没有把这个消息告诉向前的爸爸，因为老人家最近身体不好，不能让他担心。杨宁和向前的妈妈商量说就告诉爸爸向前出差去了，杨宁也要去外地参加一个研讨会，最近这几天都不在家。小美兰也很懂事，她没有哭闹着要爸爸，她知道爸爸病了需要安静，她经常坐在妈妈的身边一起看着爸爸，盼望爸爸快快醒来。

昏迷了六天之后，向前终于醒来了，杨宁喜极而泣。勇敢的刘向前以强大的意志力战胜了自己，醒过来的他虽然身体很虚弱，但是医生告诉杨宁只要他醒过来那就一切都好了，耐心调养，好好照顾，他的身体会慢慢恢复的。

刘向前同志在禁毒岗位上一干就是十几年，立足岗位，努力实践“三个代表”重要思想，牢固树立执法为民的思想，身经百战，出生入死。他的英勇和果敢使毒贩闻风丧胆，他不遗余力提携新人，他用他那一颗对党和人民的炽热的心，用他对禁毒工作的一片热情在自己的岗位上十几年如一日兢兢业业，顽强奋战，维护了人民群众的安全，也为公安执法人员树立了好的表率。他以实际行动诠释了人民警察对党、对祖国、对人民、对法律的忠诚本色。

**图书在版编目（CIP）数据**

禁毒戒毒法律知识学习读本 / 中国法制出版社编.
—北京：中国法制出版社，2017.1
ISBN 978-7-5093-8164-9

Ⅰ.①禁… Ⅱ.①中… Ⅲ.①禁毒-法律-中国-学习参考资料②戒毒-法律-中国-学习参考资料
Ⅳ.①D922.144

中国版本图书馆 CIP 数据核字（2017）第 002657 号

责任编辑：戴　蕊　　　　封面设计：周黎明

**禁毒戒毒法律知识学习读本**
JINDU JIEDU FALÜ ZHISHI XUEXI DUBEN

经销/新华书店
印刷/煤炭工业出版社印刷厂
开本/880 毫米×1230 毫米　32 开　　　　印张/4　字数/18 千
版次/2017 年 1 月第 1 版　　　　2021 年 8 月第 14 次印刷

中国法制出版社出版
书号 ISBN 978-7-5093-8164-9　　　　定价：18.00 元

北京西单横二条 2 号　　　　值班电话：010-66026508
邮政编码 100031　　　　传真：010-66031119
**网址：http：//www.zgfzs.com**　　　　**编辑部电话：010-66065921**
**市场营销部电话：010-66033393**　　　　**邮购部电话：010-66033288**

（如有印装质量问题，请与本社编务印务管理部联系调换。电话：010-66032926）